FUNDAMENTOS PARA O DESENVOLVIMENTO DE JOGOS DIGITAIS

A779f   Arruda, Eucidio Pimenta.
            Fundamentos para o desenvolvimento de jogos digitais /
         Eucidio Pimenta Arruda. – Porto Alegre : Bookman, 2014.
            x, 102 p. : il. ; 25 cm.

            ISBN 978-85-8260-143-3

            1. Informática – Desenvolvimento de programas. 2. Jogos
         digitais. I. Título.

                                                        CDU 004.413

Catalogação na publicação: Ana Paula M. Magnus – CRB 10/2052

EUCIDIO PIMENTA ARRUDA

FUNDAMENTOS PARA O DESENVOLVIMENTO DE JOGOS DIGITAIS

bookman

2014

© Bookman Companhia Editora, 2014

Gerente editorial: *Arysinha Jacques Affonso*

Colaboraram nesta edição:

Editora: *Maria Eduarda Fett Tabajara*

Processamento pedagógico: *Daniele Gerber Dorn*

Leitura final: *Renata Ramisch*

Capa: *Paola Manica*

Imagem da capa: *Gaming in smart phone:* ©*exdez/iStockphoto*®

Editoração: *Techbooks*

Reservados todos os direitos de publicação à
BOOKMAN EDITORA LTDA., uma empresa do GRUPO A EDUCAÇÃO S.A.
A série Tekne engloba publicações voltadas à educação profissional, técnica e tecnológica.

Av. Jerônimo de Ornelas, 670 – Santana
90040-340 – Porto Alegre – RS
Fone: (51) 3027-7000   Fax: (51) 3027-7070

É proibida a duplicação ou reprodução deste volume, no todo ou em parte, sob quaisquer formas ou por quaisquer meios (eletrônico, mecânico, gravação, fotocópia, distribuição na Web e outros), sem permissão expressa da Editora.

Unidade São Paulo
Av. Embaixador Macedo Soares, 10.735 – Pavilhão 5 – Cond. Espace Center
Vila Anastácio – 05095-035 – São Paulo – SP
Fone: (11) 3665-1100   Fax: (11) 3667-1333

SAC 0800 703-3444 – www.grupoa.com.br
IMPRESSO NO BRASIL
PRINTED IN BRAZIL
Impresso sob demanda na Meta Brasil a pedido de Grupo A Educação.

Autor

Eucidio Pimenta Arruda é graduado em História e é mestre e doutor em Educação pela Universidade Federal de Minas Gerais (UFMG). Trabalhou na Universidade Estadual de Minas Gerais nas áreas de educação, tecnologia e metodologia do ensino de história. Foi diretor de educação a distância e coordenador do setor de especialização da Universidade Fumec. Foi professor, coordenador de curso de EAD e responsável pela área de tecnologia do Centro de Educação a Distância da Universidade Federal de Uberlândia (UFU). É professor da Faculdade de Educação da UFMG.

Prefácio

Nos últimos anos, o mercado de jogos digitais cresceu assustadoramente, e esse crescimento acabou por gerar uma grande demanda de trabalho para especialistas de diferentes campos do processo de produção de games. Para uma formação qualificada na área, no entanto, são necessários materiais didáticos que contemplem todos os conceitos básicos para o desenvolvimento de games, dando o suporte teórico e prático de que o futuro profissional precisa. Este livro vem ao encontro dessa necessidade, trazendo um conteúdo que apresenta duas características fortes: utiliza uma linguagem objetiva, dialógica, que pretende criar espaços de aprendizagem para quem o lê, e contextualiza a importância desse conteúdo na formação do futuro desenvolvedor de jogos digitais. Conteúdo e linguagem, dessa forma, privilegiam uma formação atual e integral do aluno, que aprende a aprender em um mundo tomado pelas grandes transformações tecnológicas.

Esta obra é extremamente didática, na medida em que não apresenta apenas conteúdos teóricos, mas também exemplos baseados nas práticas do autor, discussões e análises que levam o aluno a refletir sobre sua atuação como desenvolvedor de jogos digitais. Espera-se, dessa forma, que, ao final da leitura, o aluno tenha construído um protótipo ou projeto, a partir da cronologia das atividades indicadas, ou seja, ele desenvolverá um projeto de jogo digital, passo a passo, conforme vai estudando e se aprofundando no livro. Esse é um grande diferencial em relação a obras similares, pois implica compreender a formação tecnológica como processo e construir sentidos e significados – ou seja, aprender a desenvolver jogos digitais implica desenvolver projetos individuais ou coletivos ao longo do seu processo de aprendizagem. A nosso ver, o livro didático é uma importante ferramenta de valorização dessas práticas.

Esperamos que este livro didático contribua para que professores possam desenvolver suas atividades formativas e que alunos obtenham uma formação voltada para as demandas que se colocam no mercado de trabalho de jogos digitais contemporâneos.

Convidamos a todos para conhecer esta obra!

Sumário

capítulo 1
O que são jogos digitais? 1
Introdução 2
Jogos digitais ou videogames? 3
Jogos digitais.................................... 4
   Conceito de jogos digitais................... 5
      Johan Huizinga 5
      Roger Caillois 5
Características do jogo digital 6
   A liberdade dentro (e fora) do jogo 7
   A delimitação do jogo: o espaço............ 9
      O espaço dentro do jogo................ 9
      O espaço fora do jogo 12
      A delimitação do jogo: o tempo 16
   Indeterminação ou imprevisibilidade
   do jogo.. 19
   Regras dentro e fora do jogo 21
   A ficção no jogo digital 24
   Improdutividade nos jogos digitais 26

capítulo 2
**História, plataformas
e gêneros** 29
Introdução 30
História dos jogos digitais 30
   Primórdios.................................... 31
      Computadores com cartões perfurados... 31
      Tennis for two 31
      Spacewar! 32
      Chasing Game........................ 33
   Década de 1970 33
   Década de 1980: a quebra do mercado de
   games... 35

Década de 1990 37
Década de 2000 38
Plataformas de jogos digitais 39
   Arcade... 40
      O começo 40
      A decadência 40
   Consoles...................................... 42
   Jogos para computadores................. 44
   Jogos distribuídos em navegadores
   e dispositivos móveis 44
Gêneros de jogos digitais 46
   Ação... 47
   Luta 48
   Esportes 48
   Corrida 48
   Simulação 49
   RPG 50
   RTS.. 50

capítulo 3
Enredo, roteiros e narrativas 53
Introdução 54
Enredo... 54
   Aspectos da fantasia e da realidade
   nos jogos digitais............................ 57
      Jogos de fantasia ou ficção:
      elementos constitutivos, características
      e exemplo 58
Roteiros e narrativas 60
   O herói 62
   Tipos de narrativa 64
      Narrativa linear 64
      Narrativas não lineares 65

capítulo 4
Criação de personagens 69
Introdução 70
Elaboração do personagem 71
A identificação do personagem............... 72
Arquétipos de personagens 74
    O herói 74
    O anti-herói............................. 74
    O sombra 75
    O mentor 75
    O guardião............................... 75
    Os capangas 76
Desenvolvimento dos personagens........... 76
    Relação com a narrativa.................. 76
    Ponto de vista........................... 77
    Diálogos................................. 77
    Movimento dos personagens 77
    História e evolução dos personagens 77
Documentação dos personagens 78

capítulo 5
Elementos necessários para a criação de games 81
Introdução 82
Gerenciando o desenvolvimento de jogos digitais............................. 82
Elementos necessários para a criação de jogos digitais............................ 85
    A ideia................................... 86
    Gênero do jogo 91
    Possibilidades online 92
    Progressão ou fluxo do jogo................ 92
    Tensão do jogo........................... 94
    Arte gráfica 94
    Princípios da arte conceitual no jogo........ 95
    Mecânica do jogo 95
    Espaço ou cenário do jogo 96
    Design de interface centrada no jogador.... 97
    Desenvolvimento do áudio 98

Referências............................101

capítulo 1

O que são jogos digitais?

A todo momento ouvimos falar de videogames, jogos digitais, jogos eletrônicos. Provavelmente você os joga, mas conhece sua origem? Há quanto tempo eles existem? O que define um jogo? Qualquer programa pode ser considerado um jogo digital? Provavelmente sua resposta será "não" e estará correta, mas precisamos apresentar o conceito de jogo para que possamos definir com propriedade se determinado software é ou não um jogo. É disso que este capítulo inicial tratará.

Objetivos deste capítulo

» Explicar o conceito de jogo digital.

» Identificar as características dos jogos digitais.

>> PARA COMEÇAR

Não deixe de fazer todas as atividades distribuídas ao longo do livro. O ideal é que você realize a(s) atividade(s) que segue(m) os tópicos teóricos logo que terminar sua leitura. É muito importante que você guarde a resolução de cada questão, pois isso facilitará a produção de seu game. Nossa ideia é que, ao concluir a leitura deste livro, você tenha documentado tudo o que é necessário para a criação do seu jogo.

>> Introdução

O desejo de trabalhar com desenvolvimento de jogos digitais geralmente está associado ao hábito de jogar. Provavelmente você já jogou várias vezes em diversas plataformas, mas será que o gosto pelo jogo é suficiente para que você se torne um bom profissional do ramo do desenvolvimento de games? Além de jogar, o que mais você sabe sobre esse mercado?

A autora americana Heather Chandler (2012) demonstra, a partir de sua grande experiência como desenvolvedora de jogos digitais, que é preciso ter um domínio da área para se envolver nela profissionalmente. Ou seja, **ser jogador é fundamental**, visto que quem está inserido no mundo dos games sabe que jogos atenderam às expectativas do público, quais histórias são boas e por que, quais desenhos e jogabilidades se sobressaem e conhece exemplos de sucesso e fracasso no mercado. Entretanto, **saber jogar não é o suficiente** para trabalhar com o desenvolvimento de jogos. É preciso conhecer, de forma sistematizada e organizada, os processos que motivam a criação e o lançamento de um jogo.

Embora comumente vinculemos os jogos ao lazer, produzir um jogo é uma tarefa séria e demanda tempo, organização, planejamento e conhecimento. Ou seja, é fundamental compreender todas as dimensões que envolvem a produção de jogos digitais para que seja possível criar jogos de sucesso. O primeiro passo é saber o que são jogos digitais.

> **>> DICA**
> O desenvolvedor de jogos digitais deve estudar o comportamento do público-alvo, estar a par das tendências de mercado e conhecer o contexto sociocultural do local onde o jogo será distribuído.

» CURIOSIDADE

O mercado nacional de jogos está se expandindo: de 2010 para 2011, houve um aumento de 50% na venda de consoles, como mostra uma pesquisa da consultoria GFK. Além do crescimento dos games tradicionais, as redes sociais têm se mostrado uma plataforma promissora. Com a proliferação dos jogos, principalmente no Facebook, a receita desse mercado deve aumentar em cinco vezes até 2015, como apontam dados da consultoria Parks Associates.

Fonte: Guia do Estudante (c2009).

› Jogos digitais ou videogames?

A concepção de jogos digitais envolve um entendimento mais amplo do que apenas saber o que são videogames. O termo **videogame** historicamente esteve limitado aos jogos de console e às máquinas de fliperama. Já as **tecnologias digitais** são baseadas na **microinformática**, o que engloba jogos para computadores, consoles, fliperamas, smartphones, tablets e qualquer outro equipamento que venha a existir. Nessa perspectiva, esse termo dá maior amplitude ao objeto, por vincular toda e qualquer produção ofertada no formato de jogo, seja no formato de vídeo ou em outros que vierem a ser criados.

Veremos ao longo deste capítulo alguns dos principais termos e conceitos que utilizaremos neste livro. Vamos começar com os conceitos "digital" e "microinformática" – você sabe o que significam?

- **Digital:** No contexto da informática, digital refere-se a dígitos númericos, daí a tecnologia digital ser baseada na linguagem binária: são números que decodificam toda a informação transmitida pelos computadores. Porém a sequência de dados não pode ser quebrada ou perdida, caso contrário todo o processo é corrompido. Você já passou por situações em que um arquivo não abriu, um CD arranhou e não funcionou? Isso ocorre devido à perda de algum dado binário nos arquivos.
- **Microinformática:** É baseada no termo informática, que se refere a um conjunto de ciências da informação, como computação, cálculo, modelagem de problemas, etc. O termo microinformática refere-se aqui a processos de produção, tratamento e problematização de informação baseada em tecnologias digitais disponíveis em

mecanismos portáteis ou de dimensões reduzidas e, portanto, possíveis de serem adquiridos em ambientes domésticos, como os computadores pessoais, notebooks e dispositivos móveis como smartphones e tablets.

>> Jogos digitais

Quem não se lembra de jogos como xadrez, pique-esconde, bolinhas de gude, futebol ou vôlei? E os jogos digitais? Grande parte da população com menos de 40 anos já deve tê-los experimentado. Muitos adultos, continuam a jogar depois do fim da sua juventude, da entrada no mercado de trabalho e da constituição de sua família. Os dados da BBC News (2010) e da NPD Group (2011) demonstram isso: mais de 60% das populações inglesa e norte-americana jogam algum tipo de jogo digital.

Já no Brasil, uma pesquisa da Newzoo (2013) mostrou que mais de 35 milhões de brasileiros jogam jogos digitais por computador ou consoles. A pesquisa não aborda outras plataformas, como celulares e tablets, mas é possível deduzir que a maioria das pessoas já jogou algum tipo de jogo digital, uma vez que no Brasil já existem mais de 230 milhões de celulares para uma população de aproximadamente 200 milhões, e praticamente todos os celulares vendidos, mesmo os antigos, possuem algum tipo de jogo em sua memória.

>> PARA REFLETIR

Estamos falando de jogos, organizações, saber jogar... Mas vamos agora pensar em conceitos? *Qual é o conceito de jogo digital?* Procure responder a partir do que você compreende por jogos digitais (baseados na microinformática).

Como você verá nos próximos capítulos, o mercado dos jogos digitais continua crescendo – adultos e crianças jogam com cada vez mais frequência.

O jogo pode ser compreendido como um elemento da **cultura** dos homens e, conforme veremos nas próximas páginas, envolve rituais, relações sociais, criação de grupos. O jogo não é, necessariamente, brincadeira de criança e tem sido cada vez mais utilizado em espaços anteriormente considerados mais "sérios", como escolas ou empresas.

O primeiro elemento fundamental para quem deseja trabalhar com a área de produção de games é conhecer o conceito de jogo digital.

Conceito de jogos digitais

É fundamental que o desenvolvedor de jogos digitais conheça os conceitos de jogo e jogo digital. Muitos autores já se debruçaram sobre esse tema. Não seria possível abordar todos eles, mas indicamos alguns dos teóricos mais importantes para quem deseja se aprofundar no assunto.

Johan Huizinga

O autor Huizinga (2007) defende que o jogo em si não é novidade, tanto na vida animal quanto na humana: cachorros ou gatos já vivenciam situações dos jogos, e os homens vivem o universo do jogo em suas interações com o outro desde seu nascimento.

Huizinga (2007) resume as características formais do jogo da seguinte maneira:

> Poderíamos considerá-lo uma atividade livre, conscientemente tomada como "não séria" e exterior à vida habitual, mas ao mesmo tempo capaz de absorver o jogador de maneira intensa e total. É uma atividade desligada de todo e qualquer lucro, praticada dentro de limites espaciais e temporais próprios, segundo uma certa ordem e certas regras. Promove a formação de grupos sociais com tendência a rodearem-se de segredo e a sublinharem (sic) sua diferença em relação ao resto do mundo por meio de disfarces ou outros meios semelhantes. (Huizinga, 2007, p. 16.)

>> **NO SITE**
Você conhece a Associação Brasileira dos Desenvolvedores de Jogos Digitais? Trata-se de uma entidade sem fins lucrativos e com o objetivo de fortalecer a indústria nacional de desenvolvimento de jogos. Acesse o ambiente virtual de aprendizagem Tekne (www.bookman.com.br/tekne) para ter acesso ao site da Abragames.

>> **NA HISTÓRIA**

Johan Huizinga nasceu em dezembro de 1872 em Groninga, uma província da Holanda. Foi professor e historiador especializado em Baixa Idade Média, Reforma e Renascimento. Apesar de ser reconhecido por sua grande contribuição aos estudos da Idade Média, por meio de produções com grande qualidade literária, Huizinga tornou-se muito famoso no Brasil e no mundo por seu trabalho *Homo Ludens*. Foi preso no período da Segunda Guerra Mundial e o regime nazista o manteve preso entre 1942 e 1945 – ano de sua morte.

Roger Caillois

Outro autor muito importante para a área é Roger Caillois. Ele escreveu o livro *Os jogos e os homens*, que dá continuidade às discussões propostas por Huizinga (2007). De maneira sintética, ele organiza e desenvolve as características já apresentadas por Huizinga (2007), e define o jogo a partir de seis elementos absolutamente necessários para a sua configuração (Caillois, 1998):

- Liberdade
- Delimitação
- Imprevisibilidade
- Regulamentos e normas
- Ficção (ou distância da realidade)
- Improdutividade

É importante que você tenha todos esses elementos em mente ao pensar na elaboração de um jogo digital – eles serão fundamentais para a sua composição, e a ausência de qualquer um deles pode gerar problemas na produção ou até mesmo o fracasso do jogo produzido.

» NA HISTÓRIA

Roger Caillois nasceu em Reims (pequena cidade francesa) em 1913, mas mudou-se para Paris quando criança. Estudou na renomada universidade francesa École Normale Supérieure. O período das guerras mundiais (Primeira Guerra Mundial, 1914-1918, e Segunda Guerra Mundial, 1939-1945) fez Caillois se envolver com o pensamento de esquerda e combater os movimentos autoritários da época. Em 1939, deixou a França e foi morar na Argentina, onde permaneceu até o final da Segunda Guerra Mundial. Durante esse período fez parte de movimentos de resistência ao crescimento do nazismo na América Latina. Trabalhou na Unesco em 1948 e, além dos trabalhos de grande importância mundial, é amplamente conhecido pela sua obra *Os homens e os jogos*, publicada em 1958. Esse livro nos ajuda a compreender o papel dos jogos digitais na sociedade atual.

» Características do jogo digital

Vamos agora identificar as características dos jogos e, em especial, dos jogos digitais.

›› A liberdade dentro (e fora) do jogo

Uma das principais características do jogo é o fato de que as pessoas podem jogar apenas aquilo que lhes interessa. Isso significa que, ao produzir um jogo, você deve ficar atento a características importantes de seu mercado consumidor – ou seja, seu jogo precisa ser jogado pelo maior número de pessoas possível.

Segundo Isaacson (2011), autor da biografia de Steve Jobs (fundador da Apple), o grande gênio da Apple dizia nunca ter se preocupado com o consumidor ao criar um produto: ele sempre procurou criar a necessidade de uso desse produto.

É interessante analisar essas situações, pois as ações de um gênio nem sempre são compreendidas – o próprio Jobs viveu períodos difíceis em sua carreira quando suas ideias não eram "consumidas" pelas pessoas. Ao analisar a situação da Atari, uma precursora no ramo de produção em massa de jogos para videogames e fliperamas, observamos que o consumidor não sabe, necessariamente, do que precisa (a empresa começou a produzir milhares de jogos simplesmente porque eles tinham bom retorno), mas que a qualidade do jogo será validada pelos jogadores. Situações como aquelas que mostraremos na Seção "História dos jogos digitais", na página 30, podem levar ao fechamento de grandes empresas devido ao pouco cuidado com o produto que é oferecido ao público consumidor.

Parte do conceito de **criação da demanda** pode ser incorporada ao processo de criação de um jogo digital, pois é preciso criar a necessidade do jogador de jogá--lo. Porém, para que isso ocorra, a equipe desenvolvedora precisa conhecer bem o que pode ou não chamar a atenção de um jogador, e o mais importante nesse

›› NA HISTÓRIA

Mesmo quem não gosta de tecnologias digitais já ouviu falar de Steve Jobs. O fundador da Apple nasceu em 1955 e trabalhou na área de informática em diferentes frentes. Notabilizou-se por estar envolvido com as grandes inovações tecnológicas nas últimas três décadas, principalmente as que dizem respeito aos computadores pessoais, telefones e tablets. No final da década de 1970, Jobs e seu sócio, Steve Wozniak, criaram e comercializaram o primeiro computador pessoal do mundo, o Apple I. No começo da década de 1980, criaram o primeiro computador pessoal com interface gráfica, guiada pelo mouse. Em 1985, Steve Jobs saiu da Apple. Anos depois foi responsável pelo sucesso de animações criadas por computação digital, na empresa Pixar. Entre seus sucessos, destaca-se *Toy Story*. Em 1997, voltou à Apple, que estava a ponto de fechar, para empreender uma virada histórica na empresa. Desde então foi o responsável pelas maiores inovações de design e usabilidade em equipamentos como os celulares (com a criação do iPhone), dos computadores pessoais (com o iMac), dos notebooks (com o MacBook Air), dos tablets (com o iPad) e da indústria da música (com o iPod e a comercialização de músicas por meio de download). Morreu em 5 de outubro de 2011, aos 56 anos, em decorrência de um câncer pancreático.

processo é que os desenvolvedores e demais pessoas envolvidas sejam jogadores, para saber como os jogadores em geral pensam.

Observe que Steve Jobs dizia para não se preocupar com o cliente, mas ele se inspirava em si próprio para criar seus produtos – ou seja, criava aquilo que ele desejaria ter.

No processo de criação de um jogo, você deve ampliar essa ideia, de maneira que procure pensar em um jogo que faria você gastar seu tempo livre com ele. O ideal é pensar em um jogo que lhe interesse, independentemente do gênero (como luta, esportes, etc. – falaremos do gênero mais adiante).

Os jogos contemporâneos demandam ainda outra liberdade – a de **escolher com quem** e **onde jogar**. Em um mundo cercado pelas possibilidades das redes da Internet, a liberdade de um jogo também envolve permitir ao jogador jogar sozinho, com grupos físicos (presenciais) e/ou com grupos virtuais (partidas online).
A Internet ampliou muito a capacidade de se trocar informações sobre determinado conteúdo. A diferença é que propaganda "boca a boca" de um jogo ocorria de forma quase artesanal há algumas décadas, enquanto a Internet gera uma demanda de milhares ou milhões de visualizações em questão de minutos ou horas.

O jogo deve ser pensado em relação à gama de potenciais jogadores, à liberdade que eles têm de aderir ou não ao jogo e às consequências dessa adesão. É possível, portanto, perceber que ampliamos os espaços nos quais a liberdade do jogo deve ser pensada, para que você se desenvolva como um desenvolvedor de qualidade. A liberdade no jogo também envolve as possibilidades de construir cenários e personagens, de customizar e elaborar produtos com a cara do jogador. Dependendo do jogo, é possível até mesmo criar regras próprias.

> **» DEFINIÇÃO**
> Visualizações se trata do número de pessoas que visitaram determinada página.

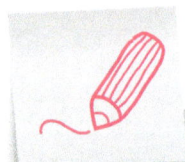

» Agora é a sua vez!

Escolha um jogo, disponível na Internet, e analise suas características. Existem vários jogos gratuitos, como *Angry Birds*, *Forge of Empires*, *Military Games* (todos podem ser encontrados no navegador Google Chrome, na aba Chrome Web Store). Jogue um pouco para conhecer o jogo e, em seguida, procure refletir sobre as seguintes questões em relação a esse jogo:

1. Permite multiplayer (vários jogadores na mesma partida)?
2. Possibilita que o jogador entre e saia sem perder a partida (ou seja, permite gravação do jogo)?

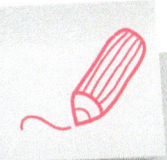

Agora é a sua vez!

3. Permite a disputa de partidas online (ou seja, ele dá liberdade para os jogadores encontrarem competidores ou parceiros pela Internet)?

4. Obriga o jogador a fazer as atualizações lançadas pela empresa para continuar jogando?

5. Permite a utilização em qualquer tipo de máquina/computador? Existe a possibilidade de se experimentar o jogo com um computador mais antigo ou mais lento?

6. Possui limitações na versão gratuita?

7. Exige velocidade mais alta de Internet (pelo menos mais de 1MBPS)?

Como você percebeu na atividade anterior, a liberdade envolve muito mais do que somente permitir que a pessoa entre ou saia do jogo quando quiser. Se ela não for planejada em todos os elementos que constituem o jogo, é bem provável que o jogador sequer tenha vontade de entrar na aventura planejada pelos desenvolvedores.

Procure considerar essa característica em todas as ações que envolvem a criação de um jogo, pois o jogo digital tem um aspecto comercial, ou seja, as pessoas somente compram um produto (seja por influência de propagandas comerciais, contatos por redes sociais, etc.) se forem movidas por algum tipo de interesse. É daí que vem a concepção de liberdade do jogo digital da atualidade.

A delimitação do jogo: o espaço

A delimitação do jogo está relacionada ao espaço que ele ocupa – seja dentro ou fora do jogo. Significa pensar onde o jogo acontece. No espaço físico, ele pode existir em partidas coletivas em shoppings, por exemplo. No espaço virtual, ele pode existir em uma cidade fictícia, em um mundo pós-apocalipse ou qualquer outro mundo criado pela equipe produtora.

O espaço dentro do jogo

Por espaço do jogo podemos entender dois elementos. O primeiro diz respeito ao território dentro do jogo, no qual as ações ocorrem. No jogo *Batman: Arkham City*, por exemplo, o espaço do jogo é a cidade de Gotham, mais especificamente, os bairros civis cercados que dão origem a Arkham City – lugar em que os maiores loucos (e grandes vilões) estão presos, uma espécie de superprisão. Nesse espaço, o herói luta contra a criação e manutenção de Arkham City.

Batman é capturado e solto em Arkham City, onde acontece a ação do jogo (a luta contra seus inimigos). Dessa forma, Arkham e Gotham City tornam-se o espaço em que se desenrola todo o jogo. Quando falamos do espaço do jogo, estamos considerando todo o **cenário**: casas, objetos, telhados, carros – tudo que faz parte desse contexto configura-se no espaço em que acontece a ação do jogo. Nesse jogo específico, Batman pode subir em casas, tocar objetos, movimentar-se em 360° dentro do espaço da cidade.

Figura 1.1 Cena do jogo *Batman: Arkham City*.

No clássico jogo *Street Fighter II*, os espaços são diversos lugares do mundo, como Japão, Brasil e Estados Unidos. Entretanto, apesar de serem espaços supostamente mais amplos do que o game *Batman: Arkham City*, pois as lutas acontecem em diferentes lugares do mundo (e não apenas em uma cidade fictícia, como Gotham), os jogadores só podem se movimentar em um cenário praticamente fixo (apenas alguns objetos, animais ou pessoas fazem movimentos repetitivos no fundo da cena) para frente, para trás e para cima (por meio de saltos), em movimentos bidimensionais (sem profundidade), apresentando os lutadores de perfil. Isso significa que o espaço de ação do jogador é bem mais limitado do que em *Batman*, mas o espaço no qual ocorrem as lutas é mais amplo, pois envolve diferentes países. Isso dá, inclusive, uma sensação de "viagem" ao jogador, já que o mapa do jogo mostra seu deslocamento entre países com um avião (cujo cenário é mais parecido com o jogo de tabuleiro *War*).

Figura 1.2 Cena do jogo *Street Fighter II*.

Portanto, construir um espaço para o jogo deverá envolver um grande planejamento, que irá ultrapassar a ideia de profundidade de um cenário. Os cenários são a essência de um jogo, em conjunto com os personagens; portanto, definir de que forma o espaço do jogo irá se desenvolver, em paralelo à história, é de grande importância para o desenvolvimento de um jogo.

A dificuldade ou a complexidade de um cenário também orientam a plataforma na qual o jogo poderá ser desenvolvido (ou em que hardware o jogo funcionará – smartphones, computadores pessoais, consoles de videogames, etc.). Jogos com espaços complexos, profundidade tridimensional, com diferentes fases e movimentos, nos quais os jogadores precisam recolher objetos, enfrentar diferentes personagens vilões, percorrer ruas, prédios e parques são muito utilizados em aparelhos de videogames ou computadores pessoais (PCs).

A complexidade orienta ainda o grau de detalhamento de um cenário e, como vimos anteriormente, maior complexidade exige níveis mais avançados de produção dos jogos. Os desenvolvedores do Batman: Arkhan City, por exemplo, precisaram se dedicar para que a proximidade dos espaços com a realidade imaginada de Gotham City (**verossimilhança**) fosse quase perfeita, a ponto de convencer o jogador de que aquela era uma cidade "real".

Já *Street Fighter II* ou *Angry Birds*, por exemplo, utilizam os espaços como cenários, panos de fundo para a ação do jogo: no primeiro, a luta entre oponentes de diferentes países, no segundo, o ataque dos pássaros aos porcos. O jogador desses jogos se preocupa pouco com a verossimilhança ou o detalhamento desses espaços, pois sua ação é direcionada para os personagens.

> **» DEFINIÇÃO**
> Ser **verossímil** significa ser coerente. Uma narrativa não precisa ter compromisso com a realidade, retratar fatos possíveis no mundo real, mas deve ter compromisso com sua estrutura interna. Os acontecimentos da história e seus elementos devem ser sinérgicos (como discutiremos no Capítulo 3), de modo que convença o leitor de que o que está acontecendo faz sentido na narrativa.

Figura 1.3   Cena do jogo *Angry Birds*.

Ainda não é o momento de você começar a definir e desenhar o espaço de seu jogo, porque isso envolve outros conteúdos que discutiremos ao longo deste livro, como a construção de personagens, as narrativas e os gêneros dos jogos. Entretanto, você pode fazer exercícios de planejamento da profundidade preferida para seus cenários, pois isso terá impactos positivos no desenvolvimento de seu trabalho para a construção de um game. Antes de iniciarmos esses exercícios, vamos discutir o segundo elemento do espaço do jogo.

O espaço fora do jogo

Pode parecer estranho discutir o espaço fora do jogo, ou seja, o espaço do jogador, uma vez que, para o desenvolvedor de um jogo e toda a sua equipe, é mais importante pensar no jogo e não no local onde o jogador desenvolverá sua partida, se em casa ou no trabalho, na escola ou mesmo na rua.

Entretanto, essa afirmação pode implicar na elaboração de um jogo que não atenda ao espaço disponível ao jogador para desenvolver suas ações. Você imaginaria um jogo para smartphone cujo objetivo fosse seguir os sinais luminosos para dançar? Provavelmente não, pois um jogo como esse necessitaria de um espaço físico delimitado para que o jogador pudesse repetir os movimentos indicados no game. É provável que o jogador jogue um jogo como esse em casa, em lojas de demonstração ou em salões de festas – dificilmente na rua, na fila de espera de um banco ou no médico.

Pensar no espaço do jogador significa pensar nos prováveis locais em que ele irá tentará realizar a partida do jogo, o que está diretamente ligado ao interesse ou desinteresse do jogador. Determinados tipos de jogos podem não funcionar para determinados espaços. Por exemplo, jogos de precisão de tiro possivelmente encontrarão dificuldades para serem jogados em smartphones. Jogos de estratégia podem exigir atividades de colaboração entre os jogadores, distantes centenas ou milhares de quilômetros. Jogos com equipamentos de escâner de corpo, como o Kinnect, reconfiguram o espaço do jogo, transformando o próprio local em que se joga, visto que buscam simulações das tarefas (são os jogos em que as pessoas se movimentam para simular danças, partidas de tênis, futebol, etc.).

Vamos conhecer um jogo inovador quanto ao uso do espaço?
SimCity é um jogo pioneiro quando o assunto é a imprevisibilidade do espaço e a possibilidade de construção do espaço do jogo pelo próprio jogador. Esse jogo não possui um objetivo claro, pois a ideia é permitir a construção de uma cidade, por meio da gestão (manipulação) de terrenos e objetos urbanos. Hoje você pode encontrar essa ideia em centenas de outros jogos disponíveis no mercado; entretanto, foi Will Wright quem inovou ao criar o primeiro desse gênero.

Por mais de dois anos, ele percorreu diferentes empresas, apresentando sua ideia. A inovação era tamanha que ninguém acreditou que poderia dar certo – afinal, quem se interessaria por um jogo que não tem fim? Ou por objetos que são criados pelo jogador e não previamente elaborados pela equipe produtora dos jogos?

Pois foi exatamente essa concepção de abertura do espaço que chamou a atenção dos jogadores e fez *SimCity* se tornar um sucesso mundial.

Em 1989, ele finalmente decidiu construir o jogo por meio de uma produtora própria – criou a Maxis para empreender esse trabalho. Atualmente você pode ver o jogo em uma fase completamente nova, o *SimCity Sociedades*, na qual não só os objetos urbanos, como casas, trânsito, escolas são o foco, mas também a relação dos personagens nesse espaço – ou seja, como os cidadãos de uma cidade reagem às transformações elaboradas pelo jogador/prefeito. A seguir, observe nas Figuras 1.4, 1.5 e 1.6 a transformação do jogo no decorrer de duas décadas.

Figura 1.4   *SimCity* 1, de 1989.

Figura 1.5 *SimCity* 4, de 2004.

Figura 1.6 *SimCity Sociedades,* de 2009.

Agora é a sua vez!

Vamos fazer uma atividade para refletir sobre espaços de um game. Para isso, você deverá selecionar um jogo já existente no mercado e que você conheça bem, ou seja, que tenha jogado do início ao fim. A ideia é você perceber o que precisa ser pensado dentro de um jogo. Para isso, você deve se fazer os seguintes questionamentos.

1. O espaço é bidimensional ou tridimensional?
2. Os movimentos se dão em todas as direções ou em direções limitadas (para frente e para trás, ou para cima e para baixo)?
3. O espaço de ação é fixo ou se movimenta conforme o jogador?
4. Há variedade de objetos nas cenas ou eles se repetem com frequência (por objetos entenda casas, carros, animais, personagens secundários, etc.)?
5. Que outras características chamam a sua atenção?

Tendo refletido sobre esses questionamentos, faça um levantamento das principais características espaciais que você considera importantes em um jogo. Procure dar detalhes e explicar por que a característica mencionada é importante. Utilize para isso esses itens:

1. Espaço (bidimensional, tridimensional, etc.).
2. Movimentos (para cima, baixo, diagonal, etc.).
3. Movimento do espaço (fixo ou modifica conforme o personagem se movimenta).
4. Objetos da cena (se repetem, são diferentes conforme o espaço muda, etc.)
5. Quais outras características chamam a sua atenção?

> **IMPORTANTE**
> Independentemente da forma como o tempo é planejado no jogo, a estratégia do desenvolvedor do game deverá ser a de manter o jogador o máximo de tempo possível imerso no jogo. O jogo deverá apresentar estruturas que envolvam o jogador, que façam ele permanecer fiel ao jogo, ao menos até o seu final.

> **DEFINIÇÃO**
> **Jogabilidade** é a maneira como o jogo é elaborado para manter o desafio ao jogador. Jogos muito fáceis ou muito difíceis podem ser abandonados rapidamente, por não serem considerados divertidos ou não oferecerem possibilidades de aprendizagem do jogo.

A delimitação do jogo: o tempo

Falar sobre o tempo do jogo é pensar no seu início, meio e fim – ou seja, na duração do jogo. Esse elemento será escolhido pelo jogador de acordo com suas disponibilidades. Por exemplo, jogadores mais velhos ou trabalhadores irão escolher jogos rápidos, para serem jogados em intervalos de trabalho, no trânsito, etc. Já jogadores mais jovens podem escolher jogos que durem 10 ou muito mais horas. Há ainda aqueles jogos cujo tempo não é delimitado, ou seja, aparentemente o jogo não tem fim – quem determina a saída do mesmo é o jogador. Entre os jogos com essa característica podemos citar *SimCity* – já discutido anteriormente, e os chamados jogos sociais, como *CityVille* ou *FarmVille*, da Zynga, que são operados por meio da rede social Facebook – falaremos especificamente desses jogos nas próximas páginas.

Um jogo aberto como *SimCity* aproveita sua imprevisibilidade para manter o jogador ativo – como o desenvolvimento de uma cidade não tem fim, o jogador se mantém fiel por descobrir o que ocorrerá com seu espaço, com sua cidade, caso ele execute uma ação, como aumentar impostos ou construir cadeias.

Já os jogos com tempo de ação delimitado, seja pelas fases do jogo, seja pelo número específico de oponentes a serem enfrentados, devem se valer de outras estratégias, como a **jogabilidade** – a adequação da dificuldade do jogo, sem que ele seja fácil demais ou difícil demais.

É interessante perceber a aparente contradição da ideia do tempo do jogo e no jogo. Mesmo que tenha um fim, a estratégia do desenvolvedor do jogo é manter o jogador preso a ele, ou seja, o tempo no jogo deverá ser elevado ao máximo, tanto para a fidelidade do jogador à empresa, quanto para a exposição do jogo a outros potenciais jogadores que iniciarão suas partidas, seja pela propaganda positiva do jogo ou pela presença temporal do game nas prateleiras ou na Internet.

O tempo no jogo foi elevado à potência máxima nas experiências desenvolvidas atualmente nas redes sociais – os chamados jogos sociais. Esses jogos, entre os quais destacamos aqueles criados pela empresa Zynga, devido ao elevado número de jogadores ativos no mundo, têm desenvolvido uma estratégia de manutenção dos jogadores por meio da criação de situações que demandem tempos cada vez maiores dos jogadores.

Uma estratégia lançada pela empresa, baseada na concepção de **turnos** existentes em alguns jogos há algum tempo, é a de definir tempos máximos de jogo, com base nas energias dos jogadores. Essa energia é obtida a cada cinco minutos, e o máximo que um jogador iniciante obtém é 30. Cada objeto e cada ação do jogo consomem determinada energia. Observe que o número máximo usual de energias é recarregado a cada duas horas, ou seja, o jogador é impelido a retornar ao jogo para dar continuidade a ele.

Mas o grande trunfo desses jogos talvez seja o relacionamento social para alcançar outros níveis. Na prática, muitos desses jogos se assemelham à ideia de *SimCity*, na qual os jogadores desenvolvem cidades ou fazendas. Entretanto, o desenvolvimento só é possível quando o jogador tem muitos amigos que também jogam o mesmo jogo, e eles ajudam uns aos outros enviando objetos, energias, brindes, etc. Caso o jogador não tenha um número considerável de amigos, é preciso recorrer à compra dos objetos e energias com dinheiro "real".

Além disso, o jogo sempre é apresentado em uma espécie de versão "beta", ou seja, nunca está plenamente finalizado. A estratégia dos desenvolvedores é manter o jogador dentro do jogo por meses ou até mesmo anos, partilhando da experiência do jogar com centenas de outros jogadores. Para isso, são criados novos desafios, novos objetos, novas expansões quase que semanalmente, para manter o interesse do jogador. Cada nova expansão ou novo objeto direcionar o jogador à obtenção de ajuda dos amigos da rede social – essa estratégia irá, portanto, divulgar espontaneamente as novidades dos jogos entre os usuários da rede social.

Os jogos sociais da atualidade usam estratégias simples, que ampliam o comércio do jogo por meio de uma estrutura que foi abordada pela primeira vez de forma bastante eficaz pela empresa Google: a oferta de um serviço gratuito que se autorreplica por meio da propaganda e disseminação quase viral de suas características e qualidades.

Como podemos observar, a criatividade é um elemento essencial no planejamento do tempo de um jogo, pois as fórmulas do sucesso de um jogo são construídas diariamente, a partir das experimentações dos desenvolvedores.

> **» IMPORTANTE**
> O jogo baseado em turnos delimita um tempo para a ação do jogador e, ao final desse tempo, há um avanço para a situação posterior, que pode ser a duração temporal em meses, anos, passagem de uma condição a outra. Isso significa que o jogo só se transforma à medida que os turnos são modificados.

> **» DEFINIÇÃO**
> Usamos a palavra **viral** com o sentido de processo de multiplicação, quase sem controle, por meio do compartilhamento ou do envio de arquivos ou links. Os chamados jogos, vídeos e músicas virais são aqueles que subitamente ficam famosos e são consumidos por milhões de pessoas.

>> RESUMO

Em síntese, a delimitação do jogo compreende:

O espaço do jogo. Configura-se em dois elementos – o espaço do jogo e o espaço utilizado pelo jogador para jogar. O primeiro é o lugar em que ocorre a ação do jogo – pode ser bidimensional, tridimensional, um cenário quase fixo, um conjunto de fases realistas. Já o segundo é o espaço que o jogador utilizará para jogar, ou seja, o jogo é indicado para espaços mais amplos, como o espaço da casa, ou se trata de um jogo para ser jogado dentro do ônibus, no consultório ou na fila de um banco?

O tempo do jogo e no jogo. O tempo do jogo representa sua duração: minutos, horas ou mesmo dias. Já o segundo é o tempo que o jogador permanecerá jogando. Um bom jogo deve cativar ao máximo o jogador, para que ele se sinta convencido a permanecer fiel a ele. Uma estratégia que tem sido muito utilizada por desenvolvedores é a ampliação das possibilidades de interação e interatividade dentro do jogo – ou seja, a criação de mecanismos que façam os jogadores trocarem ideias entre si sobre o jogo e, ao mesmo tempo, mantenham-nos presos ao jogo pela dependência da participação de seus colegas. Os jogos disponibilizados nas redes sociais como Facebook têm se destacado nessas estratégias.

>> Agora é a sua vez!

1. Faça uma pesquisa na Internet para descobrir o tempo médio que as pessoas dedicam aos jogos, de acordo com sua faixa etária. Você pode obter ajuda em Roberts (2013), Techlider (2011) e USP Game Dev (2012).

2. Realize um levantamento de jogos que você conhece e indique o tempo necessário para completar o jogo ou desenvolver grande parte de suas atividades dentro do jogo. Importante: a lista deverá conter jogos com duração:

    a) longa (mais de 10 horas);
    b) média (até 4 horas);
    c) curta (entre 15 minutos e 2 horas);
    d) não definida (*CityVille*, por exemplo).

> Agora é a sua vez!

3. Esquematize os dados levantados de acordo com os itens abaixo, de maneira que seja possível observar: a faixa etária, o tempo de dedicação ao jogo e o tipo de jogo que se enquadra nesse tempo.

   a) Nome do jogo
   b) Custo (gratuito ou pago)
   c) Tempo de dedicação
   d) Tipo de dedicação (longa, média, curta, não definida)

>> Indeterminação ou imprevisibilidade do jogo

A indeterminação ou imprevisibilidade do jogo diz respeito à impossibilidade de saber o resultado efetivo, ou seja, a existência do risco no ato de jogar. O jogador pode, por exemplo, perder uma partida da qual ele aparentemente imaginava o resultado.

A imprevisibilidade é tanto mais forte quanto maior for o nível da **inteligência artificial** do jogo. É a imprevisibilidade que garante ao jogador a emoção, a tensão, a incerteza dentro do jogo. Sem esses elementos, o jogo perde a graça e é abandonado. Jogos mais antigos, portanto, têm níveis de previsibilidade maior.

Vamos pensar em um jogo clássico, o *Pac-Man*, produzido nas décadas de 1970 1980. Apesar de ter um grau de dificuldade significativo, os jogos não possuíam programação muito complexa, devido à própria condição da microinformática, ainda iniciante.

Portanto, a programação desse jogo seguia uma lógica simples e níveis de dificuldade pré-configurados que, quando compreendidos pelo jogador, permitiam que ele ganhasse o jogo quase que incessantemente. Jogadores que conheciam a lógica do jogo podiam jogar por horas a fio sem que fossem importunados pelos fantasmas.

É importante lembrar que os jogos, nessa época, eram jogados de forma individual, não tinham acesso à Internet e tampouco permitiam que fossem salvos para que as partidas fossem continuadas em outro momento.

> **>> DEFINIÇÃO**
> A **inteligência artificial** consiste em dotar a programação do jogo de elementos que se adaptam às ações do jogador, ou seja, analisem as ações e, a partir delas e por meio de equações matemáticas, tomem decisões diferentes a cada nova partida.

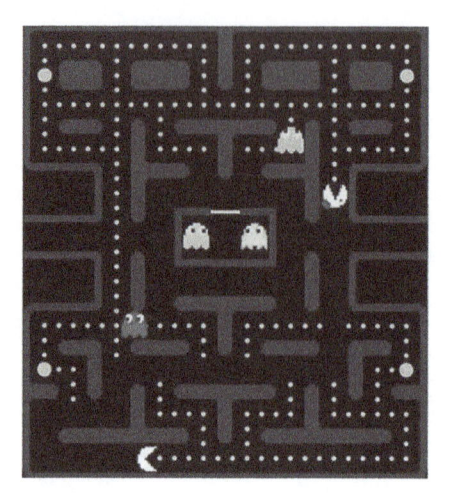

Figura 1.7   Cena do jogo *Pac-Man*.

Quanto maiores os níveis de tensão e imprevisibilidade, maiores as chances de o jogo se tornar preferido por quem o consome. Contudo, todas as características devem ser analisadas de forma integrada no desenvolvimento de um jogo. Somente a tensão, quando a história ou o tempo do jogo não são bem elaborados, não é suficiente para manter o jogador ativo.

O nível de imprevisibilidade é tanto maior quanto maior for o número de participantes na partida, ou seja, jogos que privilegiam a interação ou competição entre jogadores são mais imprevisíveis e, consequentemente, podem aprimorar a sensação de prazer com o jogo.

Vejamos, por exemplo, um jogo que foi muito famoso no Brasil nos anos 2000: *Counter-Strike*. Esse jogo permitia a participação de 100 pessoas, distribuídas entre os grupos dos terroristas e contraterroristas. O jogo girava em torno das decisões tomadas pelos grupos, decisões eminentemente humanas. É claro que o conhecimento do jogo, como os terrenos, limites e possibilidades dos personagens ajudavam os jogadores, mas eles dificilmente saberiam suas possibilidades de obter vitória, tendo em vista que ela também dependia das ações de seus companheiros de grupo.

A participação dos jogadores atualmente é privilegiada pela rede mundial de computadores. Isso significa que um jogo que possibilita partidas online pode envolver inúmeras opções aos jogadores, uma vez que a Internet possui alcance mundial. A nosso ver, dificilmente um jogo obtém sucesso se não ampliar sua imprevisibilidade por meio da Internet.

No próximo capítulo, discutiremos o gênero dos jogos digitais e poderemos ampliar o conceito de imprevisibilidade, pois ela também está direcionada ao gênero (tipo) do jogo. Jogos como *SimCity*, citados anteriormente, potencializaram ainda

Figura 1.8 Cena do jogo *Counter-Strike*.

mais a imprevisibilidade ao indefinir o fim da partida e deixar os espaços, tempos e objetivos do jogo completamente abertos à ação do jogador.

Regras dentro e fora do jogo

Você já pensou em jogar basquete sem a norma das linhas de 2 e 3 pontos? E se fosse possível pegar a bola a qualquer custo, inclusive pelo uso da violência, para a vitória ou a marcação de pontos? Imagine um jogo de xadrez em que o movimento das peças fosse baseado no interesse do jogador, sem seguir regras.

Será que alguém se interessaria por um jogo em que aparentemente todos podem fazer o que bem entenderem? Ou a maioria dos jogadores acabaria por abandoná-lo, porque não haveria a garantia de condições iguais de participação e competição?

Imagine agora essa situação em jogos digitais. Por exemplo: um jogador de um jogo com temática medieval encontra o poder que lhe dá a imortalidade no jogo. Ou, em vez de cavalos e espadas, pode utilizar carros blindados e bomba atômica. Agora imagine como seria esse jogador enfrentando outros jogadores no ambiente online. Seria possível vencê-lo? Ou ainda, imagine se todos obtivessem a imortalidade e os demais poderes ilimitados. Qual seria a graça do jogo?

As regras existem para que todos possam ter as mesmas condições iniciais de se desenvolverem e, a partir daí, obterem sucesso e se sobressaírem, vencendo o jogo por seu esforço, conhecimento e habilidade. Assim, as normas e regras servem para nivelar os jogadores e fazer a vitória ser justa, no sentido de que não foi

> **» CURIOSIDADE**
>
> Um livro muito importante, do autor Hobbes (2003), chamado de *O Leviatã*, afirma que o homem, antes da constituição da sociedade, é o "lobo do homem". Ou seja, a inexistência de regras conduz à morte dos mais fracos e à constituição de uma realidade em que somente a força física é condição de sobrevivência.
>
> A criação da sociedade, para Hobbes (2008), vem da necessidade de organizar essas relações. Afinal, quem gostaria de viver em uma vila na qual qualquer sujeito poderia tomar a sua casa, ficar com o dinheiro de seu trabalho ou bater em seus familiares, sem qualquer motivo? Se observar alguma semelhança com o game *Grand Theft Auto*, verá que esse jogo é baseado exatamente na ausência de regras civilizatórias no mundo imaginado pelos desenvolvedores do game.

uma trapaça, de um jogador que obteve informações em relação a uma brecha do jogo.

A ausência de regras nos jogos digitais envolve a perda da graça do jogo. Você já jogou *Age of Empires II*? O exemplo dado anteriormente, de jogar um jogo que se passa na Idade Média e no qual o jogador possui tecnologia de veículos blindados e armas a laser, acontece nesse jogo. Existem centenas de páginas que ensinam códigos **cheats** (de trapaças). Ao utilizar alguns desses códigos, todos os oponentes são simplesmente dizimados pelo jogador, acabando com qualquer possibilidade de reação e de imprevisibilidade no jogo.

Mesmo em uma situação em que as regras aparentemente não existem, é possível observar que elas estão contidas na programação do jogo, e a liberdade dada ao jogador se limita àquilo que foi pensado e planejado pela equipe criadora do jogo.

Observe, por exemplo, o jogo *Spore*, lançado pelo mesmo criador de *SimCity* (Will Wright) em 2008. A ideia do jogo é permitir que absolutamente tudo seja criado dentro de seu ambiente: células, vida inteligente, planetas, etc. Aparentemente a inteligência artificial do jogo faz com que esses objetos e criaturas se desenvolvam sem a interferência do jogador, como se ele se tornasse um deus de um mundo digital.

Apesar disso, existem regras dentro desse jogo – a principal delas é que o jogador só pode criar aquilo que foi previamente elaborado pelo software. Mesmo a aleatoriedade faz parte de sua programação, pois ela direciona para resultados não previstos, mas completamente verossímeis e verdadeiros.

Imagine, por exemplo, que a falta de regras e normas permitisse que um jogador recriasse, dentro de *Spore*, as histórias de *Tomb Raider*; Ou que fosse possível jogar *Resident Evil* dentro de *Spore*. Isso seria permitido? Provavelmente não, pois os jogos possuem, no mínimo, a regra do direito autoral, e a aleatoriedade tira, em certas situações, a determinação do personagem que ele irá criar ou os resultados advindos dessa criação.

Observe, portanto, que qualquer jogo digital deverá ser permeado por regras e normas de funcionamento, sob o risco de o jogo não ser jogado pelas pessoas.

Determinação de regras e normas é um item complicado, pois envolve todo o jogo em diferentes aspectos. Veja a seguir alguns exemplos:

• **Compra de equipamentos para a melhoria do desempenho.** A escolha de um armamento é possível se o jogador comprá-lo. Entretanto, para comprar, é preciso vencer determinadas fases do jogo, para que essa atualização seja possível. A mesma regra é comum em jogos que envolvem carros. Este é o caso de *Gran Turismo* e *Need for Speed*. Nestes e em outros jogos semelhantes, a utilização de um carro mais potente só é possível depois que se obtém um número razoável de vitórias dentro do jogo.

• **Golpes de um personagem em jogos de luta.** Implica em caracterizar as possibilidades de ação de um personagem, ou seja, quais golpes podem ou não ser dados pelos lutadores. Dessa forma, cada personagem terá uma característica singular, de maneira a operar com a escolha do jogador e, assim, fazer com que o nível de tensão aumente, na medida em que determinados oponentes podem ter habilidades de bloquear as habilidades do lutador escolhido.

• **Localização de uma chave para abrir uma porta.** Envolve tensão, memorização dos espaços e velocidade do jogador. O jogo *Resident Evil* costuma reforçar o terror da história por meio de ações que exigem que o jogador busque objetos ou abra salas, com tempos determinados, fazendo a sensação de medo aumentar à medida que o tempo do jogador diminui.

• **Compreensão do ponto exato em que o controle deve ser acionado**, para que o personagem obtenha sucesso em saltar de um precipício ou ações similares.

Figura 1.9   Jogo *Spore* de 2008.

>> Agora é a sua vez!

1. Escolha um jogo que você já tenha jogado, diferente dos jogos já trabalhandos nas atividades anteriores, e faça um levantamento detalhado sobre suas regras.

2. Crie um quadro de quatro colunas: na primeira, coloque o nome do jogo; na segunda, o que é permitido dentro do jogo; na terceira, descreva o que não é permitido; na quarta, apresente os *cheats* (códigos de trapaça) existentes para o jogo – escreva os códigos e as respectivas ações, ou seja, o que o código permite.

Guarde essa tabela, pois suas ideias podem ser utilizadas no processo de organização e elaboração de jogos.

>> **IMPORTANTE**
Observe que estamos construindo uma série de instrumentos norteadores do processo de construção de um jogo. Esses instrumentos serão utilizados de maneira conjunta em outros momentos do livro; por isso, fique atento às estruturas e compreenda seu sentido e sua importância. Pergunte a seu professor aquilo que for necessário para o desenvolvimento de seu trabalho.

>> A ficção no jogo digital

O jogo deve ser considerado entretenimento; portanto, ele faz parte da realidade das pessoas, mas elas o buscam, principalmente para fugir de suas rotinas. Nesse sentido, o jogo pode ser utilizado em projetos educacionais, para empresas e organizações que desejam treinar seus funcionários e associados. O grande diferencial do jogo é construir situações que levem uma pessoa a se interessar por um tema a partir de sua apresentação no formato de jogo.

O conceito de ficção está relacionado a algo que não faz parte de nossa realidade e é inventado pela mente humana. Na ficção, é possível observar obras de ficção científica em que personagens e mundos são criados livremente, e suas ações não têm semelhança com o que acontece em nosso mundo.

Veja a história por trás do game *Resident Evil*. Nele a corporação Umbrella se torna poderosa e controla praticamente todo o mundo; ela elabora um vírus que é capaz de transformar a população em zumbis. Alguns heróis são responsáveis por combater a corporação e os monstros criados por ela. Parte dessa história até poderia ser vinculada à realidade: a da existência de uma corporação poderosa que controla diversos setores mundiais. Entretanto, os zumbis e a presença de menos de uma dezena de heróis que combatem bilhões de mortos-vivos em nada se pareceria com qualquer situação real.

Esse jogo, portanto, permite uma experiência que o jogador provavelmente jamais terá, do enfrentamento físico com seres inexistentes, com movimentos extremamente ágeis e a possibilidade de se envolver em diferentes ações para obter a vitória sobre a corporação Umbrella.

Para além da existência de alguns elementos que se aproximam da nossa realidade, é possível ver jogos nos quais a ideia que os gera é baseada na realidade, como o jogo *Need for Speed*. Este jogo apresenta ao jogador possibilidades de realizar corridas que, aparentemente, simulam a realidade de um piloto. Entretanto, o jogador experimenta movimentos dos pilotos que não são possíveis dentro de uma pista de corrida, seja pelas leis da física ou pela inexistência de destrezas manuais dos pilotos que permitissem a eles se esquivar de forma perfeita de uma batida com outro veículo.

Mesmo jogos como *The Sims*, que se propõem a simular a realidade das pessoas, envolvem situações irreais, pois os personagens são como sujeitos programados e suas ações são determinadas pelos jogadores.

Apesar disso, você provavelmente deve adorar essas possibilidades mirabolantes existentes no jogo. Sem elas, ele perderia a graça e deixaria de se apresentar como uma perspectiva de entretenimento, fazendo a pessoa se desligar dos riscos, dos problemas, das dificuldades vividas por todos no seu dia a dia.

Pensar na ficção também envolve pensar que as pessoas que jogam sabem que o jogo não é a realidade. Apesar disso, algumas pessoas consideram que a experiência do jogo, por si só, transforma a ação em realidade. Por exemplo, a simulação de uma corrida pode ser aproximada a uma experiência de pilotagem – basta ver que pilotos de avião são treinados e formados por meio de simuladores de voo.

Mas observe que, quando utilizados em empresas ou escolas, aparentemente a ficção é abandonada pela perspectiva de se formar os trabalhadores ou estudantes por meio do entretenimento. Talvez resida aí o grande problema do uso do jogo em situações em que ele não é bem vindo. Se o jogo é uma fuga da realidade, como pensar na resposta do jogador quando ele se apresenta como uma continuidade de sua própria vida?

Talvez a melhor estratégia seja pensar que nesses ambientes aparentemente sérios, o jogo deve ser planejado dentro da mesma perspectiva de lazer e entretenimento; caso contrário, perde sua essência e origem.

> » **IMPORTANTE**
> A ideia de ficção no jogo está relacionada à perspectiva de que os jogadores podem reiniciar a partida quando quiserem, porque sua ação dentro do jogo é ficcional e não possui maiores consequências para as pessoas, já que o jogo é construído para o entretenimento e a diversão.

>> Agora é a sua vez!

1. Jogue o jogo *Drakensang Online*, disponível no navegador Google Chrome, por meio do Chrome Web Store.

2. Descreva as partes do jogo que são invenções.

3. Liste o que está próximo da realidade nesse jogo.

4. Faça um paralelo das ações reais do jogo com a sua realidade.

Agora reflita um pouco: se esse jogo apresentasse apenas elementos da sua realidade, ele chamaria sua atenção? Você conseguiu ficar preso ao jogo, ao menos por alguns minutos ou horas, ou teve interesse em conhecer sua história, para saber, por exemplo, se seus produtores foram criativos e elaboraram um jogo que valesse a pena?

Pense nessas questões ao planejar seu jogo!

>> Improdutividade nos jogos digitais

Esta última característica dos jogos é talvez a mais "estranha". Isso porque o jogo é essencialmente improdutivo, ou seja, não é "trabalho", não é suficientemente valorizado no mercado de trabalho. Entretanto, o desenvolvimento de jogos gera trabalho, salário, criação de um produto. Para desenvolver um jogo, é preciso muito conhecimento técnico. Além disso, existem competições entre jogadores e a criação dos chamados jogadores profissionais, que recebem salários para ficarem muitas horas se dedicando aos jogos.

A **improdutividade** à qual nos referimos é aquela que vincula o jogo a uma **fuga da realidade** e dos problemas da vida. Mesmo que o jogador se torne um profissional, ele não iniciou sua imersão no jogo procurando por isso. Possivelmente você não começou a jogar com menos de 10 anos já pensando em como seria interessante se tornar um profissional dos games. A improdutividade do jogo, portanto, leva o jogador a desenvolver sua partida, sozinho ou com outros parceiros e competidores, pelo simples prazer de jogar e de se divertir.

Ainda que a produtividade esteja presente na essência de alguns jogos, como os educativos e empresariais, a dimensão da improdutividade deve prevalecer, sob o risco de o jogo deixar de ter o efeito desejado – o de entreter e ensinar ao mesmo tempo, já que a primeira característica acabaria por ser anulada pelo produtivismo incorporado. Isso significa, como foi dito no início deste tópico, que o jogo deve promover a improdutividade, a brincadeira, o entretenimento.

O que esse argumento apresenta de novo é a valorização do jogo exatamente por aquilo que o desvaloriza em uma sociedade do trabalho. As pessoas, ao procurarem formações em nível técnico ou superior, desenvolvem atividades "sérias", que geram algum tipo de produto.

O produto em nossa sociedade precisa gerar lucro: após sua produção e retirados todos os custos, o dinheiro que sobra é o lucro. Nessa linha de pensamento, podemos dizer que o jogo gera lucro e também um produto – o próprio jogo. Ele não é material, não é físico como uma cadeira ou um automóvel, mas permite a construção de experiências de alegria, tensão, planejamento e organização.

Logo, o jogo é uma atividade séria, no sentido de que a produtividade é remetida àqueles que produzem o jogo: desenvolvedores, editores, designers, etc. Aqueles que jogam procuram o divertimento puro e simples.

Até podemos pensar em situações de produtividade indireta a partir do jogo, ou seja, o jogo é elaborado para divertir, mas apresenta conteúdos voltados para a aprendizagem de alguma coisa. Muitas empresas têm utilizado games para treinar seus empregados, pois ele se confunde com uma situação de lazer do funcionário, e não de trabalho.

>> RESUMO

Neste capítulo, vimos que o desejo de trabalhar como desenvolvedor de jogos digitais geralmente está associado ao hábito de jogar (já que ser um jogador é um grande diferencial na hora de criar um jogo), mas que isso não basta para se tornar um bom profissional da área. Entendemos, a partir daí, a importância de dominar os conceitos básicos para o desenvolvimento de um jogo, como a liberdade e a imprevisibilidade. Nos próximos capítulos, faremos um apanhado da história dos jogos digitais e veremos em detalhes tudo o que devemos pensar antes e durante o desenvolvimento de um game.

capítulo 2

História, plataformas e gêneros

Você deve estar se perguntando se existe muita história dos jogos digitais para ser contada. Assim como as tecnologias baseadas na informática, os jogos digitais datam da década de 1950, ou seja, têm pouco mais de 60 anos de história. Entretanto, o percurso histórico e as mudanças são tão fortes que a incompreensão dessa dimensão histórica possivelmente fará o futuro desenvolvedor de jogos digitais investir em iniciativas que já foram pensadas e aperfeiçoadas por outros profissionais.

Objetivos deste capítulo

» Reconhecer os marcos da história dos jogos digitais.

» Diferenciar as principais plataformas e gêneros dos jogos digitais.

❯❯ Introdução

Em 1983, quando toda a comunidade de desenvolvedores de jogos digitais tinha certeza de que era impossível perder dinheiro nesse ramo, houve uma falência geral de empresas, o que afetou essa economia por muitos anos, conforme veremos a seguir. Isso nos mostra a importância de conhecer a história dos jogos digitais, as ideias que fracassaram e os jogos mais bem-sucedidos.

Além de conhecer a história dos games, também é importante conhecer as principais **plataformas** onde os jogos funcionam, ou seja, em que suporte de hardware o jogo é executado. Você irá perceber, ao longo do capítulo, que a reflexão sobre esse assunto influencia diretamente o tipo de jogo que é pensado pela equipe de desenvolvimento.

Por fim, você também irá compreender os **gêneros** dos jogos digitais. O gênero é uma característica comum que aproxima determinados jogos, permitindo às pessoas a criação de mecanismos de comparação entre eles e a promoção de avaliações sobre seus pontos positivos e negativos.

Esperamos, portanto, que você compreenda dimensões importantes da história e da organização dos jogos digitais, para que, nas próximas etapas, tenha clareza em relação ao jogo que pretende desenvolver, seja sozinho, com um pequeno grupo ou como membro de uma grande equipe de desenvolvimento de jogos.

❯❯ História dos jogos digitais

Apresentar a história dos jogos digitais não é uma tarefa fácil, uma vez que o conteúdo é tão vasto que ocuparia as páginas de, pelo menos, dois livros como este. Entretanto, é necessário que o futuro desenvolvedor de jogos digitais compreenda em que condições ocorreu o desenvolvimento dos jogos, para que, ao elaborar propostas de criação e novos jogos, conheça os antecedentes e planeje, de forma mais organizada, elementos inovadores para suas criações. Isso evitará a criação de propostas já ultrapassadas ou já pensadas por produtores de jogos em outros momentos.

›› Primórdios

Toda invenção está diretamente relacionada à cultura de uma época em que as tecnologias fornecem elementos que serão a base da popularização de uma ideia. É lógico que, ao dizer isso, é importante reforçar o papel de mentes criativas. Exemplos dessas mentes não faltam: Leonardo da Vinci, William Shakespeare, Steve Jobs, Albert Einstein, Coco Channel (que tal fazer uma pesquisa sobre o que todos criaram em suas épocas?).

Foi isso que aconteceu com os videogames – eles são fruto de um processo anterior, o do desenvolvimento dos computadores, que inicialmente eram grandes máquinas de calcular, mas que faziam milhões de cálculos em muito menos tempo do que os humanos.

Computadores com cartões perfurados

Os computadores começaram a ser utilizados em escala maior na década de 1940, impulsionados pelo fim da Segunda Guerra Mundial e pelas corridas armamentista e espacial impulsionadas pela União Soviética e pelos Estados Unidos.

Os computadores não eram como os conhecemos hoje, mas baseados em cartões perfurados, que exigiam que as operações fossem feitas manualmente, ou seja, elas demandavam comandos frequentes dos seres humanos. É interessante observar que essa tecnologia data do século XIX. O que, nos interessa, porém, é o papel da computação digital na criação dos jogos.

Tennis for two

Os primeiros jogos conhecidos datam da década de 1950 e estavam relacionados ao contexto militar. As principais bases de dados mostram que o físico William Higinbotham, que fazia parte do projeto Manhattan, apresentou uma primeira versão do programa, considerado o primeiro jogo digital, em 1958.

> **www₀**
>
> **›› NO SITE**
> Visite o ambiente virtual de aprendizagem Tekne (www.bookman.com.br/tekne) para acessar um link que mostra um vídeo daquele que é por muitos considerado o primeiro jogo digital de todos os tempos.

›› CURIOSIDADE

O projeto Manhattan nasceu de um esforço para desenvolver a bomba atômica nos Estados Unidos na década de 1940 e culminou com a detonação das bombas em Hiroshima e Nagasaki, no Japão, em 1945.

No ambiente militar do qual William Higinbotham fazia parte, a modificação de linhas de programação para a criação de momentos de relaxamento era uma estratégia utilizada por muitos profissionais da época. Dessa forma, ela não foi percebida como uma invenção importante, e não gerou criação de patente. O jogo se chamava *TennisProgramming*, ou *Tennis for Two*, exposto em uma tela de 15 polegadas e projetado para ser processado em um computador analógico.

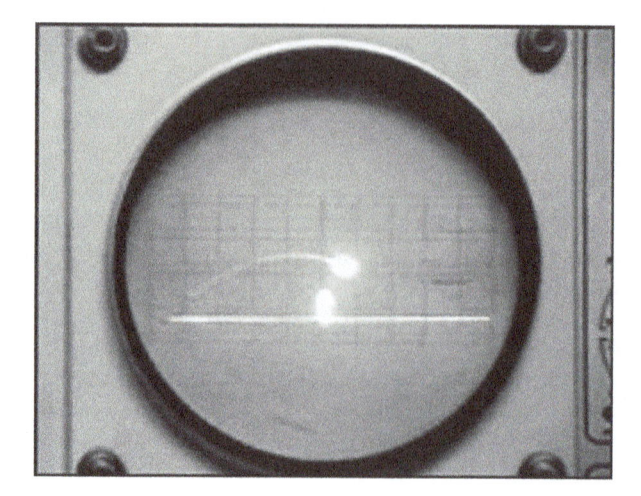

Figura 2.1 *Tennis for Two.*

> **» NO SITE**
> Visite o ambiente virtual de aprendizagem Tekne para acessar um link que mostra um vídeo de duas pessoas jogando *Tennis For Two*.

Spacewar!

Em julho de 1961, foi testado pela primeira vez um jogo chamado de *SpaceWar!*, criado por um grupo de estudantes do Massachusetts Institute of Technology (MIT) e que funcionava em um *mainframe* – computador enorme, que ocupava uma sala inteira, utilizado para cálculos e programação militar de alta precisão, com custo estimado em milhares de dólares (Brad, 1972; Computer History Museum, 20..?).

A história desse jogo surgiu de um desafio lançado ao principal criador de sua programação: Steve Russell. A ideia era transformar o novo computador, o TX-0 dotado de transistores em vez de válvulas, além de uma tela, em um equipamento com capacidade de transpor a ficção científica da literatura para a realidade da máquina. Além de Steve Russell, Peter Samson, Dan Edwards, Martin Graetz, Alan Kotok, Steve Piner e Robert Saunders também participaram do projeto, inspirados nos livros de ficção científica do americano E. E. "Doc" Smith para compor o jogo.

Mais tarde, o computador TX-0 foi substituído por um mais rápido, o DEC-PDP-1. *Spacewar!* foi desenvolvido na linguagem **Assembly**. Tratava-se de uma batalha entre duas naves, em um campo estelar aleatório com uma estrela no centro, que exercia uma força gravitacional e atraía as naves. Isso poderia tanto ser um problema para os jogadores como ser utilizado por eles para o sucesso no jogo. Também existia a tecla hiperespaço, que podia ser usada para emergências.

> **» DEFINIÇÃO**
> **Assembly** é uma linguagem de computador considerada de baixo nível, cuja característica é ter, em cada linha de programação, uma instrução para o processador do computador

O jogador precisava se movimentar em diferentes direções e, ao mesmo tempo, atacar a nave oponente, enquanto fugia do campo gravitacional da estrela da morte. Apesar da simplicidade, o jogo *Spacewar!* era bastante realista no que tange às propriedades da física.

Ao contrário do jogo criado por William Higinbotham, *SpaceWar!* foi logo um grande sucesso e fez muitas pessoas se interessarem por computadores, tornando o DEC-PEDP-1 conhecido e visitado por milhares de pessoas. O êxito de *Spacewar!*, que ocupava apenas 2 Kbytes, não trouxe um dólar sequer para seus criadores, mesmo porque o preço altíssimo do computador DEC-PDP-1 inviabilizava a comercialização do jogo. *Spacewar!* só estaria oficialmente finalizado em 1962 (Computer History Museum, 20..?).

Chasing Game

Em 1966, o engenheiro Ralph Baer planejou criar uma TV interativa com jogos, que custasse barato e fosse viável para qualquer pessoa. Nessa época, ele trabalhava na Sander Associates e, em 1967, surgiu o primeiro esboço de sua ideia, o *Chasing Game*. Em 1968, Baer patenteou a ideia, por meio da apresentação do protótipo *Brown Box*, uma caixa que, acomplada à TV, rodava jogos de futebol, vôlei e tiro (veja a Fig. 2.2).

> **» NO SITE**
> Visite o ambiente virtual de aprendizagem Tekne para acessar um link que mostra um vídeo do jogo *SpaceWar!*.

Década de 1970

A década de 1970 é famosa pela criação do primeiro **console** de videogame e das máquinas de **fliperama** (arcades, conforme estudaremos no próximo tópico). Em 1971, a Magnavox comprou o projeto da Sanders, a *Brown Box*, e começou a desenvolver o Odyssey, primeiro videogame para ser conectado à TV produzido para o mercado consumidor. A ideia desse videogame não vingou: ele tinha poucas opções de jogo e era extremamente rudimentar, pela pouca capacidade de processamento. Ele chegava a exigir a fixação de campos de futebol ou de vôlei na tela para jogar essas partidas, uma vez que os programas não eram capazes de criar esses espaços dentro do jogo.

Paralelo a isso, o americano Nolan Bushnell fez uma adaptação do jogo *SpaceWar!*, de Steve Russell e deu o nome de *Computer Space*. Dessa forma, foi criado o pri-

> **» NO SITE**
> Visite o ambiente virtual de aprendizagem Tekne para acessar um link que mostra Half Baer e Bill Harrison jogando *Ping-Pong*.

Figura 2.2 Protótipo da caixa marrom de Baer, de 1968.
Fonte: The Game Console (c2013).

» **NO SITE**
Visite o ambiente virtual de aprendizagem Tekne para acessar um site que mostra todos os consoles lançados até hoje.

meiro arcade do mundo – ou, como conhecemos, a máquina de fliperama. O jogo funcionava por meio de moedas e fez um enorme sucesso, em seguida sendo adquirido pela empresa Nutting Associates, que contratou Bushnell para participar do processo de montagem das máquinas.

Em 1973, Bushnell criou o jogo *Pong*, baseado em um jogo de tênis. Nessa época, ele já havia fundado a empresa **Atari**, principal ícone da indústria dos jogos digitais em todo o mundo. O jogo fez tamanho sucesso que foi imediatamente copiado por outras empresas. Em 1976, Bushnell vendeu a Atari para a Warner, mas continuou sendo um dos mentores das produções da empresa.

Em 1977, a Atari criou o VCS (Video Computer System – chamado de Atari 2600). Esse foi o primeiro console de sucesso em todo o mundo.

» **CURIOSIDADE**

A Atari foi uma espécie de divisor de águas na história dos jogos digitais, pois permitiu a popularização dos jogos nas casas, por meio da compra de um equipamento que permitia a troca de jogos, de acordo com o gosto do jogador.

» **DEFINIÇÃO**
Utiliza-se o termo *easter egg* para definir surpresas que encontramos em jogos, como personagens, objetos, vídeos ou mesmo algum elemento que não parece fazer sentido dentro do jogo.

É interessante observar um marco dos jogos visto ainda hoje: os chamados *easter eggs*. Os *easter eggs* foram inventados pela Atari: muitos dos programadores e autores dos jogos não podiam publicar seus nomes nos créditos, em função da política da Warner para a produção de games, então inseriam informações sobre si ou sobre sua equipe dentro do jogo. O primeiro jogo com essa "surpresa" foi o *Adventure*, de 1978, criado por Warren Robinett, que estampava seu nome após o jogador entrar em uma câmara oculta (veja a Figura 2.3).

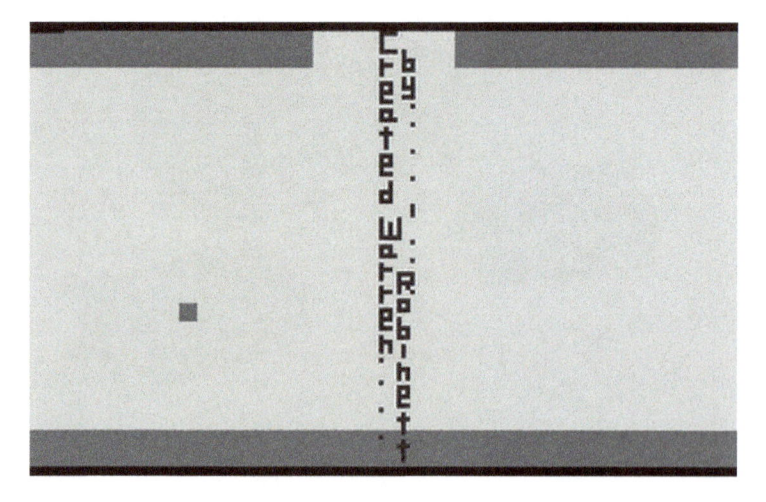

Figura 2.3 O *easter egg* do jogo *Adventure*, de 1978.

Essa estratégia hoje é praticamente obrigatória em todos os jogos, não mais para garantir a autoria, mas para apresentar fases secretas, poderes especiais ou mesmo *cheats* para os jogos.

Década de 1980: a quebra do mercado de games

A década de 1980 é lembrada como a década em que ocorreu a quebra do mercado de jogos digitais nos Estados Unidos. Entretanto, também foi nela que ocorreu o lançamento de alguns dos mais clássicos jogos digitais. Em 1980, foi lançado o jogo *Space Invaders*, cujo sucesso alavancou ainda mais a Atari.

Nesse mesmo ano, surgiu a Activision, fruto da dissidência de alguns programadores e designers da Atari, que passaram a dar créditos aos autores dos jogos e permitir que todos participassem do processo de criação. Da mesma forma, a Namco, outra famosa produtora de jogos digitais, lançou o jogo que veio a se tornar um dos mais famosos do mundo: *Pac-Man*.

Já em 1981 surgiu o jogo *Donkey Kong*, que viria a ser o precursor de outro jogo de muito sucesso: *Super Mario Bros*. Entre 1981 e 1983 a Atari entrou em decadência, lançando diversos jogos sem grandes preocupações com a qualidade, acreditando que os jogos digitais eram tão consumidos pela população que qualquer coisa que fosse lançada seria imediatamente comprada.

O grande símbolo dessa visão equivocada foi o lançamento do jogo *E.T.*, em 1982, baseado no filme homônimo, dirigido por Steven Spielberg. Milhões de cartuchos desse jogo não foram vendidos e acabaram sendo enterrados no Novo México, juntamente com milhares de cópias de outros títulos.

O ano de 1983 foi marcado pela quebra das empresas de videogames em todo o mundo. Parte desse desinteresse pode ser vinculada ao alto valor de um console, que custava 50 dólares a menos que um computador que era muito mais completo e também vinha com jogos.

É interessante perceber que essa quebra atingiu com muito mais força as empresas norte-americanas, visto que no oriente uma nova cultura de jogos digitais começava a nascer, com jogos mais elaborados, histórias mais desenvolvidas e criatividade e design superiores – tratava-se da criação do console Famicom, que no mundo ocidental veio a ser chamado de **NES** (Nintendo Entertainment System). A partir de então, o jogo digital passou a ser considerado mais um objeto de entretenimento e lazer do que um acessório de TV. Entre 1986 e 1987, a **Nintendo** tornou-se a principal empresa de jogos digitais dos Estados Unidos e do Japão.

>> **NO SITE**
Visite o ambiente virtual de aprendizagem Tekne para ter acesso a entrevistas em que Warren Robinett fala sobre o seu trabalho na Atari, o jogo *Adventure* e o primeiro *easter egg* do mundo dos games (site em inglês).

>> **IMPORTANTE**
A entrada da Nintendo, empresa centenária que originalmente produzia cartões artesanais para baralhos japoneses, no mercado foi simbólica, pois ela modificou significativamente o papel dos videogames nas casas norte-americanas e no ocidente.

Um de seus jogos mais famosos, que ajudou a alavancar a empresa, foi o *Super Mario Bros*. Esse foi um dos primeiros jogos de plataforma com rolagem lateral, recurso conhecido em inglês como *side-scrolling*. O jogo é o mais vendido de toda a história dos videogames (contando os jogos vendidos juntamente com os consoles): mais de 40 milhões de cópias. Além disso, foi o primeiro sucesso do designer de jogos japonês Shigeru Miyamoto, conhecido ainda por outros grandes sucessos mundiais, como *The Legend of Zelda*, *Metroid* e *Metal Gear Solid*.

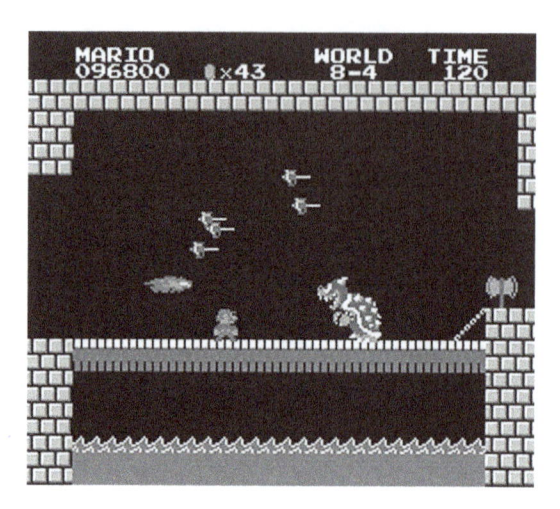

Figura 2.4   Cena do jogo *Super Mario Bros*.

Também em meados da década de 1980 emergia outra empresa de consoles, a **Sega**, que entrou no mercado americano com o console Master System, cujo sucesso não alcançou o mesmo nível da Nintendo. No entanto, no final da década de 1980, a Sega lançou o console **Mega Drive**, um grande sucesso, especialmente no ocidente.

Ainda no final da década de 1980, precisamente em 1989, foi lançado um console portátil, o **Game Boy**. Lançado inicialmente com o jogo *Tetris*, tornou-se um fenômeno de vendas em poucos meses.

>> CURIOSIDADE

Você sabia que *Tetris* foi o primeiro jogo a ser jogado no espaço? Isso ocorreu em 1996, na Estação Mir. Esse jogo foi criado pelos russos Alexey Pajitnov, Dmitry Pavlovsky e Vadim Gerasimov e foi lançado em 1984. Se você não o conhece, que tal fazer uma busca na Internet e localizar versões online gratuitas? Apesar de sua simplicidade, esse é um dos jogos de maior influência em toda a história dos jogos digitais, e leva consigo as características que discutimos neste capítulo, além do seu caráter inovador e de promoção do raciocínio lógico.

Década de 1990

A década de 1990 é uma espécie de divisor de águas para a indústria dos jogos digitais, pois foi durante ela que nasceram as principais tecnologias utilizadas nos consoles e também no desenvolvimento da indústria de jogos para computadores.

Em 1990, foi lançado no Japão o console SuperFamicom, conhecido no Brasil como **Super Nintendo** (SuperNes).

Em 1994, depois de uma conturbada parceria feita com a Nintendo, a Sony lançou seu projeto de console que rodava por meio de CDs, com efeitos gráficos muito melhores do que todos os jogos até então no mercado.

Ao mesmo tempo, a Nintendo lançaria o **Nintendo 64**, e a Sega, o **Sega Saturn**. Esses dois consoles não alcançaram o sucesso mundial esperado. No primeiro, a tecnologia dos cartuchos já estava superada, o que o fez perder grande espaço para o maior vendedor de consoles e jogos da década de 1990: o **PlayStation**. Já o Sega Saturn rodava em CD-ROM e fez muito sucesso no Japão, mas não alcançou o mesmo sucesso nos Estados Unidos

Figura 2.5 Cena do jogo *Super Mario 64*, para o console Nintendo 64.

>> Década de 2000

Na década de 2000, houve um movimento duplo: de um lado um avanço cada vez maior da qualidade de hardware dos consoles de jogos e, do outro, a ampliação dos PCs em nível mundial e o aumento do investimento em jogos nessa plataforma. A melhoria dos consoles abriu o nicho da produção de jogos em diferentes plataformas e consoles – o que antes era restrito, por questões de hardware, a uma plataforma passou a ser produzido com as qualidades técnicas praticamente idênticas.

O início dos anos 2000 foi marcado pelo lançamento do console que mais vendeu cópias em todo o mundo: o **PlayStation 2**, da Sony. Em meados dos anos 2000, precisamente em 2005 e 2006, as principais empresas da área lançaram seus consoles, ainda em produção e considerados de última geração: o **PlayStation 3**, da Sony, o **Wii**, da Nintendo e o **Xbox 360**, da Microsoft, que têm ampliado cada vez mais seu alcance entre jogadores de diferentes idades em função das tecnologias que oferecem, como os sensores de movimento.

Novas gerações serão lançadas em breve, e há indicativos de que a experiência de jogo mudará ainda mais com o aprimoramento da inteligência artificial e dos sensores de movimento dos jogos.

> **>> IMPORTANTE**
> O desenvolvimento tecnológico deixou jogos de PC e jogos de console praticamente iguais no que tange à qualidade gráfica e jogabilidade. Entretanto, observam-se modificações nas experiências do jogo pelo console devido à presença de *gadgets* – aparelhos que incorporam novas possibilidades.

>> RESUMO

Como vimos, a história dos jogos digitais é muito recente, se comparada à da humanidade. Entretanto, ela modificou de forma muito rápida e intensa a cultura, a economia e as relações sociais das últimas gerações. Precisamos compreender que essa velocidade deve ser aplicada ao trabalho do profissional: compreender as dinâmicas dos jogos, sua história, versatilidade e velocidade são fundamentais para quem quer entrar nesse mercado. A criatividade e a capacidade de se adequar às novas formas de produzir jogos (seja por sensores, pelas possibilidades móveis dos tablets ou pelas teclas *touchscreen*) são características instrínsecas de quem pretende se envolver com esse trabalho.

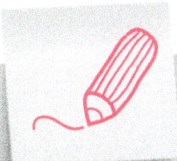

Agora é a sua vez!

O canal Discovery preparou uma maneira interessante de contar a história dos jogos digitais. Acesse o site do canal pelo ambiente virtual de aprendizagem e jogue o jogo "A era do videogame" até o final. Você jogará diferentes jogos, conforme o formato de cada década. Em seguida, faça uma síntese sobre o que viu neste livro e o que vivenciou no jogo, contendo os seguintes elementos:

Quadro 1: década do jogo jogado
Quadro 2: pontos positivos/inovações
Quadro 3: pontos negativos/o que não deu certo
Quadro 4: possibilidades de produção dos jogos com as características de cada época nos dias de hoje. Neste quadro, você irá produzir uma matéria na qual indica se é ou não possível produzir jogos com as características de cada época e se conseguiria ver um mercado promissor para o estilo dos "clássicos" nos dias atuais.

Plataformas de jogos digitais

Os futuros profissionais da área de desenvolvimento de jogos digitais e semelhantes devem estudar com profundidade as características de cada plataforma, pois elas são grandes orientadoras a respeito dos jogos que serão produzidos e vendidos no mercado consumidor.

A seguir, serão apresentadas as principais plataformas já desenvolvidas ou em uso no momento.

> **DEFINIÇÃO**
> Arcade são máquinas que contêm um computador dedicado para fazer funcionar os softwares com os jogos. Organizam-se em uma estrutura única, com hardware, software, monitor e controles. Entre as décadas de 1970 e 1990, funcionavam principalmente por meio de fichas. A partir de 2000 passaram a funcionar por meio de cartões magnéticos.

» Arcade

Como você viu na seção anterior, o arcade ou o fliperama, como é conhecido no Brasil, foi a principal forma de disseminação dos jogos digitais.

O começo

O primeiro arcade surgiu na década de 1970, com a fundação da empresa **Atari** e o lançamento do jogo *Pong*, conforme visto anteriormente. A primeira máquina foi instalada em um bar localizado na cidade de São Francisco, Califórnia, e, em apenas um dia, a máquina ficou completamente lotada de fichas. A partir daí, os fliperamas passaram a ser considerados e reconhecidos como equipamentos altamente lucrativos, e os jogos digitais vistos como oportunidade de negócio.

O formato dessas máquinas é semelhante ao de uma cabine, contendo um computador específico para rodar os jogos, uma tela de vídeo e dispositivos de comando (botões e controles de movimentos), e geralmente ficam em locais de grande movimentação (bares, shoppings, etc.).

Na história dos jogos digitais, o arcade fez muito sucesso em uma época em que computadores e consoles de videogames eram inviabilizados pelo preço. Muitos dos jogos construídos para a plataforma arcade se tornaram verdadeiros clássicos, e ainda hoje são encontrados por meio da tecnologia de emulação e *ROMs*.

Entre os jogos arcades mais conhecidos, podemos citar os clássicos *Pong*, de 1972, *Space Invaders*, de 1978, *Road Runner*, de 1985, *Final Fight*, de 1989, *Pit Fall*, de 1982, *Street Fighter II*, de 1991 e *Tekken*, de 1994.

Outra característica importante é a capacidade socializadora desses jogos. Em geral, eles ficam expostos em locais públicos, o que exige que o jogador se locomova para usar esse equipamento. Apesar disso, o efeito socializador, se considerarmos o número de pessoas envolvidas nos jogos, era inferior aos números de hoje, já que um mesmo jogo é compartilhado simultaneamente por milhares ou milhões de jogadores.

A decadência

A perda de espaço do arcade ao longo da década de 1990 deveu-se ao desenvolvimento tecnológico de outros tipos de jogos digitais (consoles e computadores, conforme veremos a seguir), pois estes, além de se aproximarem tecnicamente dos gráficos e movimentos dos arcades, permitiram ainda o uso dos jogos digitais em locais privados. O desenvolvimento de novas tecnologias de hardware e software acompanhou a queda brusca dos preços de computadores e consoles de videogames.

A queda de preços acabou gerando um processo de inclusão digital das novas gerações, que passaram a ter acesso aos jogos cada vez mais cedo e dentro de suas casas. Houve, portanto, um processo migratório intenso desta plataforma para os consoles e computadores pessoais (PCs), o que fez a maioria das lojas de fliperama serem desativadas, e aquelas que permaneceram, passaram a oferecer outras formas de diversão e entretenimento, por meio da constituição de verdadeiros parques em espaços reservados nos shoppings.

Quanto ao desenvolvimento tecnológico, a redução de peças e equipamentos tornou os computadores mais velozes do que os fliperamas. O mesmo ocorreu com os consoles, cuja qualidade técnica ultrapassou rapidamente as máquinas de fliperamas.

Por fim, outro aspecto ajuda a compreender a perda da importância do arcade entre os jogadores: a velocidade de mudança dos jogos, que é bem menor do que nos PCs e consoles. Isso ocorre porque o dono do estabelecimento que possui o arcade precisa recuperar o investimento realizado, e um jogo comprado ou alugado pode ficar meses ou até anos à disposição dos jogadores.

O problema é que atualmente há uma busca desenfreada por novos jogos e novas possibilidades, além de uma quantidade imensa de jogos disponíveis em páginas de aplicativos, em mídias físicas como DVDs e *Blu-rays*, além das opções de downloads de jogos do mundo inteiro, por meio de sites específicos de venda desses games.

Portanto, os arcades não possuem a velocidade de inovação esperada pelos jogadores; estes, por sua vez, acabam procurando plataformas que consigam responder às suas demandas. Apesar disso, o arcade foi fundamental para a consolidação dos jogos digitais na cultura contemporânea, pois eles serviram de guia para as inovações que estavam por vir. Observe que os jogos atuais baseiam-se na coletividade, ou seja, nos jogos com a participação de diversas pessoas, de forma presencial ou pela Internet. Os arcades fomentavam esse modelo e potencializaram a importância dos jogos para a geração dos que hoje têm 40 anos e que, em diversos segmentos, continuam a utilizar jogos digitais no seu cotidiano.

Atualmente a tecnologia do arcade foi dominada, e existem inúmeros sites que ensinam jogadores a transformar seus computadores novos ou antigos em cabines de arcade. Muitos saudosistas provavelmente adorariam ter um equipamento como esse em suas casas – basicamente é um trabalho de marcenaria e eletrônica básica.

Existem ainda os emuladores de arcade, como o MAME (Multiple Arcade Machine Emulator – Emulador de Múltiplas Máquinas de Arcade). Este programa, ao ser utilizado em conjunto com o arquivo de dados do jogo (*ROMs*), pode reproduzir de forma quase fiel os jogos clássicos de arcade e até mesmo de consoles de videogames.

Apesar de existirem milhares de jogos distribuídos gratuitamente pela Internet, esses jogos não poderiam ser distribuídos, pois estão protegidos por direitos autorais, ou seja, eles pertencem às empresas ou às pessoas que os criaram. Somente uma autorização expressa dos desenvolvedores possibilitaria o download legal desses jogos, mas isso envolveria empresas produtoras de games, distribuidoras,

Figura 2.6 Máquinas arcade.

autores, designers, etc. Portanto, praticamente não existem jogos cujo download seja permitido.

Apesar de ser considerado antigo em comparação a outras plataformas, o arcade apresenta importantes espaços comerciais e pode significar importantes oportunidades para os profissionais da área de produção de jogos digitais.

Considere a ampliação dos mercados de objetos considerados clássicos, de época. Atualmente é muito comum reproduzir objetos marcantes da cultura das décadas de 1980 e 1990, para atender ao público que era jovem naquela época e têm saudade dos objetos que fizeram parte de suas vidas. As maiores empresas produtoras de jogos digitais possuem catálogos de jogos que foram clássicos de arcade, disponíveis online ou em mídias físicas.

» Consoles

Os consoles são aparelhos criados para utilização em ambientes domésticos, inicialmente por meio de cartuchos (Atari, Nintendo, Master System) e, atualmente, mediante o uso de DVDs, blu-rays e jogos disponíveis na Internet (Wii, Playstation 3, X-box 360). Os consoles atuais caracterizam-se por terem qualidade gráfica e de processamento de dados altamente eficientes, pois têm hardwares totalmente dedicados aos jogos. Na década de 1980, surgiram os consoles portáteis, como o Game Boy e, mais recentemente, Nintendo DS e PlayStation Vita.

Os consoles introduziram uma nova forma de jogar, pois os jogadores passaram a levar o seu jogo favorito para casa ou qualquer lugar (no caso dos consoles portáteis). Entre os primeiros consoles destacam-se o Magnavox de 1978 e o Telejogo de *Pong*, 1972.

Até 1984, ano conhecido como o da quebra do mercado de videogames, os principais consoles eram americanos, com ênfase para a marca Atari. Nesse mesmo período, o mercado de jogos digitais iniciou um processo de reinvenção, por meio das inovações tecnológicas trazidas pelos japoneses. Desde meados da década de 1980, o mercado mundial de consoles tem sido dominado por marcas japonesas (veja a Tabela 2.1).

Tabela 2.1 » **Marcas japonesas e seus principais consoles**

Nintendo	Nintendo DS, de 2004
	Nintendo 3DS, de 2011
	Wii U, de 2013
	NES (Nintendo Entertainment System), de 1985
	Super NES, de 1992
	Game Boy, de 1989
	Wii, de 2006 em diante
Sega	Master System, de 1986
	Mega Drive, de 1989
	Sega Saturn, de 1995
Sony	PlayStation 1, de 1995
	PlayStation 2, de 2000
	PlayStation 3, de 2006
	Playstation Vita, de 2011
	Playstation 4, de 2013

No início dos anos 2000, a Microsoft entrou no mercado de consoles com seu Xbox e, em 2005, com o Xbox 360.

Atualmente existem novas versões desses consoles, denominadas Nintendo Wii U (Nintendo), PlayStation 4 (Sony) e Xbox 720 (Microsoft).

Foi o console Nintendo Wii que revolucionou a forma de jogar, ao criar um joystick sem fio para o movimento dos personagens. O videogame deixou para trás a fama de ser responsável pelo sedentarismo para ser responsável até mesmo por acidentes provocados pelo excesso de movimento feito no ambiente dos jogos (e das casas).

Já o console Xbox 360 inovou ao incorporar um gadget ao seu console, o Kinect, desenvolvido com o apoio do brasileiro Alex Kipman. Esse equipamento revolucionou ainda mais o ato de jogar, pois ele permite que as ações sejam simuladas pelo movimento do corpo, sem a necessidade de qualquer *joystick* de comando do videogame.

Se, por um lado, a produção de jogos digitais para consoles oferece maiores retornos financeiros aos profissionais da área, por outro é o espaço em que há a maior

> » **IMPORTANTE**
> Os consoles são hoje os maiores inovadores tecnológicos no campo da produção de jogos digitais.

sofisticação e complexidade do trabalho. Geralmente são jogos que envolvem milhões de dólares e centenas de profissionais na equipe de produção.

O profissional que deseja entrar nesse mercado deve, além da formação específica para a produção de jogos digitais, ser fluente no mínimo em inglês, pois as oportunidades de trabalho estão no exterior e, quando são ofertadas no Brasil, são em empresas multinacionais, cuja comunicação ocorre na língua oficial da companhia.

» Jogos para computadores

Os jogos para computador são aqueles que rodam em sistemas operacionais que funcionam em computadores pessoais (PC) ou notebooks.

Diferentemente das plataformas anteriores, que são construídas principalmente para o funcionamento de jogos digitais (é possível, de forma secundária, rodar áudio, vídeo e ter acesso à Internet, como nos consoles PlayStation 3, Nintendo Wii e Xbox 360), os jogos para computadores e jogos em nuvem funcionam em máquinas criadas para gerenciar diversas tarefas além do jogo (programas de edição de texto, imagem, navegação na Internet, vídeo, etc.). Os computadores atuais tornaram possível a convergência de mídias, ou seja, a integração de diversos suportes midiáticos em um único espaço, como afirma a autora Lúcia Santaela (2003). O desenvolvimento tecnológico dos jogos digitais faz com que os jogos de computador exijam dos usuários hardwares robustos e de última geração. Além disso, os jogos de computador têm características distintas dos jogos de outros suportes, conforme será apresentado a seguir.

» Jogos distribuídos em navegadores e dispositivos móveis

Esses suportes são mais recentes na história dos jogos digitais. Os jogos para dispositivos móveis surgiram principalmente na década de 1990: eram jogos distribuídos em navegadores de Internet e, recentemente, por meio de sistemas operacionais para smartphones e tablets; entre eles citamos o sistema OSX para o iPhone, da Apple; o Android, do Google; o Symbiam, da Nokia e o Windows 8, da Microsoft.

Uma das principais características desses softwares é o fato de eles terem tamanhos reduzidos para serem instalados em aparelhos com pouco espaço em disco, como tablets e smartphones, bem como menor capacidade de processamento de memória (pelo menos por enquanto). No caso de jogos que funcionam via navegadores de Internet, não há a necessidade de instalação no computador, uma vez que eles funcionam diretamente no navegador e pela rede. Um dos navegadores mais famosos hoje, que disponibiliza esse tipo de tecnologia, é o Google Chrome, por meio de sua página de aplicativos, o Google Play.

A Apple foi a precursora na oferta de aplicativos pela rede, por meio de seus gadgets como o iPhone, iPad e iPod. A experiência com os softwares mudou por completo, pois as pessoas passaram a escolher entre inúmeras opções, e os desenvolvedores também encontraram espaço para divulgar suas produções.

Para o desenvolvedor de jogos digitais, a perspectiva dos aplicativos abre muitas portas, pois permite uma inserção no mercado de games sem a necessidade de estar vinculado aos grandes centros de produção de jogos digitais. Ampliaram-se as possibilidades para pequenos empreendedores mostrarem seu trabalho; entretanto, essa ampliação também tem seu ônus: há uma grande concorrência, com inúmeras pessoas competindo pela atenção do usuário, o que leva o profissional dessa área a buscar se aprimorar continuamente e oferecer produtos inovadores.

A busca pela diferenciação, pela inovação e pela oferta de uma experiência única tornam-se os objetivos de quem trabalha no campo dos jogos digitais. É cada vez mais difícil empresas de sucesso surgirem nas garagens de casa, como foi comum até meados dos anos 1990. A formação profissional indica os melhores caminhos, economiza tempo daqueles que são leigos no assunto, permite a apresentação de produtos aprimorados e diminui a perspectiva de fracasso no trabalho desenvolvido.

As lojas de aplicativos em que são ofertados muitos jogos digitais são, portanto, a vitrine que irá demonstrar o potencial do produto, não necessariamente para os consumidores, mas para as empresas de grande porte, responsáveis por localizar e contratar profissionais.

Agora é a sua vez!

1. Faça uma síntese das principais plataformas de jogos digitais. Escreva pelo menos 5 linhas sobre cada uma, demonstrando suas principais características.

2. Liste pelo menos um jogo de cada plataforma que você já jogou – os jogos devem ser diferentes, não podem ser do mesmo título ou franquia em diferentes plataformas (por exemplo, *War Gods*, um jogo de 1996 que podia ser jogado em arcade, Nintendo 64, PlayStation 1 e computador).

» Gêneros de jogos digitais

Definir o gênero do jogo é extremamente difícil, devido ao caráter de construção contínuo do jogo digital e de seus suportes hipermidiáticos. Pretendemos, ao longo deste livro, apresentar os principais gêneros dos jogos digitais, pois eles são fundamentais no processo de escolha dos tipos de jogos produzidos pelos profissionais dessa área.

Por exemplo, o jogo *Tekken*, produzido pela Namco e atualmente em sua quinta versão, é considerado um jogo do gênero de lutas. O objetivo do jogo é enfrentar adversários até a derrota de um deles, por meio de uma partida "melhor de três" lutas. Diferentemente deste, os jogos *Out Run*, clássico da década de 1990, e *Gran Turismo*, um dos primeiros jogos a usar realidade em carros de corrida, são considerados jogos do tipo corrida, pois o objetivo é o enfrentamento entre carros e pilotos, de modo que o jogador alcance a primeira colocação ao final da corrida.

Pensar no gênero do jogo é pensar no **estilo de produção** que um jogo seguirá – ou seja, pensar nos desafios, na estrutura, na dificuldade e nas possibilidades de um jogo. Você verá no Capítulo 5 como o gênero de um jogo determina o grau de trabalho a ser desenvolvido. Um jogo do gênero luta, por exemplo, não demandará a elaboração de cenários contínuos ou um conjunto imenso de cenários, pois os cenários desse tipo de jogo costumam ser limitados pelo espaço permitido para o movimento do lutador – logo, o trabalho de construção de cenários será pensado nessas perspectivas.

A **plataforma** dos jogos também ajuda a determinar o gênero. Em smartphones, como já vimos na seção anterior, os jogos tendem a ser mais rápidos, casuais – logo, serão desenvolvidos gêneros que se adaptem a essa realidade.

Mesmo considerando o que já foi dito, a classificação do gênero nos jogos não é tarefa fácil. Provavelmente a maioria das pessoas estão acostumadas com os gêneros no cinema e na música (filme de ação, suspense, drama; música sertaneja, MPB, rock). Entretanto, quando se trata da classificação de um jogo, não basta efetuar as classificações e transposições desses meios, visto que ele não se encaixa aos gêneros já existentes tanto na literatura quanto no cinema, principalmente devido à posição que o jogador ocupa no próprio jogo. Ele participa diretamente da ação e do desenvolvimento da trama, diferentemente de quando lê um texto ou assiste a um filme: onde o leitor/expectador pode pensar, imaginar ou dar uma opinião, mas não pode interferir na escrita ou na filmagem já realizadas.

Além disso, os gêneros são um elemento vivo nos jogos. Isso significa que eles estão em constante transformação, e há um risco enorme em se estabelecer uma caracterização de gêneros que desaparecerão em um curto espaço de tempo. Entretanto, não é possível discutir os processos de produção de jogos digitais sem

> » **DEFINIÇÃO**
> **Gênero** de um jogo é o mesmo que o tipo de jogo. Pode ser considerado um termo que engloba todas as características de um conjunto de jogos e que permite organizar e separar os jogos de acordo com as semelhanças entre eles.

pelo menos tentar organizar os games em relação às características que os aproximam (ou os distanciam).

Isso representa uma etapa importante do planejamento do jogo digital e envolverá a dinamicidade da equipe produtora, ou seja, o aumento da velocidade do processo de produção, uma vez que o jogo envolve a construção de um roteiro, de narrativas, a constituição de espaços, de normas e de regras. Enfim, todos os aspectos já apresentados, ou aqueles que ainda o serão, têm relação direta com o gênero do jogo.

Existe uma infinidade de categorizações, em decorrência dos objetos de estudo ou mesmo dos objetivos mercadológicos de determinado jogo. Apesar de o critério central ser o tipo de jogo, as categorias estabelecidas partem de diversos aspectos, como a temática, o grau de interação, as habilidades e a destreza necessárias para seu uso, etc.

Utilizaremos como referência os gêneros de jogos apresentados na pesquisa Entertainment Software Association (2013), pois esta é uma empresa especializada em jogos digitais que promove pesquisas de mercado anualmente nos Estados Unidos, hoje o maior mercado consumidor e produtor de jogos digitais. Portanto, os gêneros levantados neste trabalho configuram-se como uma síntese de diferentes gêneros apresentados na literatura específica que foi reconfigurada de maneira a situar o leitor nesse universo.

> **» DICA**
> Leia Belli e Raventós (2008), Discovery Channel (2006), e Rodriguez (2006) e para conhecer um pouco mais sobre gêneros de jogos digitais.

» Ação

O conceito de ação, em jogos, se assemelha àquele que a maioria das pessoas já conhece – significa atividade, movimento, agir de acordo com a situação. Os jogos de ação envolvem histórias nas quais o jogador precisa assumir o papel de um personagem do jogo e, por meio dele, realizar diversas tarefas, como saltar entre edifícios, voar, lutar com inimigos, dirigir automóveis, invadir fortalezas, dar tiros, além de diversas outras atividades que se pode fazer dentro de um jogo.

Esse pode ser considerado o gênero mais amplo de todos, pois implica estratégias, conflitos, tiros, solução de charadas, desafios de exploração, etc. O gênero de ação se assemelha muito à sua contraparte no cinema – ou seja, implica movimento, tensão, velocidade, reflexo, raciocínio rápido –, e pode se dividir em subgêneros, como:

Ação em primeira pessoa: É quando a câmera do jogo mostra o campo visual do personagem comandado pelo jogador, ou seja, é semelhante a uma simulação da ação. O jogador visualiza seu personagem como se visualizasse a si próprio – partes de seu corpo, armas, etc. *Quake III* e *Counter Strike* possuem estas características.

Ação em terceira pessoa: Neste subgênero, o jogador visualiza o corpo do personagem que comanda – é como se houvesse uma câmera que mostrasse todo o espaço do jogo, inclusive o personagem. A sensação é de que o jogador é um observador das ações, ao mesmo tempo em que é o seu controlador – há uma sensação de "onipresença". Aqui podemos citar os jogos *God of War 3*, *Tomb Raider* e *Grand Theft Auto*.

Beat'em up: No Brasil, são conhecidos como jogos de fases, em que o jogador luta contra inimigos em diversos lugares (fases) até enfrentar o inimigo final. Tratam-se de jogos simples, baseados na cooperação de jogadores, muito famosos nas décadas de 1990 e 2000. Esse tipo de jogo ainda faz muito sucesso em plataformas como smartphones e navegadores web. *Final Fight* e *Captain Command* são exemplos desse tipo de jogo.

» Luta

Como o próprio nome diz, os jogos de luta constituem combates entre personagens controlados pelo jogador e pelo computador. Em geral, as lutas acontecem como se o jogador fosse o espectador e lutador ao mesmo tempo. Privilegiam-se as artes marciais reais ou fictícias. Esses jogos também fizeram muito sucesso nas décadas de 1990 e 2000, mas é possível perceber sua continuidade, com *remakes* e lançamentos de jogos com essas características, entre os quais destacamos: *Street Fighter*, *Tekken*, *Mortal Kombat* e *War Gods* – não confundir com *God of War*.

» Esportes

Esses jogos simulam esportes e competições "reais", como futebol, vôlei, basquete, jogos olímpicos, skate, etc. A tendência nos jogos atuais, principalmente os de console e de computador, é simular ao máximo a realidade de determinado esporte, inclusive com os principais times e equipes que disputam os campeonatos e com as formas específicas de cada esportista se movimentar. Entre os jogos mais populares e mais vendidos estão os relacionados ao futebol, como *Fifa 2013* e *Pro Evolution Soccer 2013*, e ao skate, como *Tony Hawk's Pro Skater*.

» Corrida

Esses jogos são responsáveis pela simulação de disputas de automóveis, bicicletas e quaisquer outros veículos. Assim como os jogos de esporte, tem havido nos últimos anos uma busca pela simulação real de veículos, de maneira a tornar a experiência de dirigir ou pilotar bem próxima da realidade – como os simuladores de voo utilizados há muito tempo em cursos de formação de pilotos de avião.

Nesse gênero, costuma-se privilegiar a competição entre jogadores por meio do confronto direto ou pela disputa de campeonatos. O principal objetivo do jogador é vencer a disputa. Esses jogos não possuem histórias, ou seja, baseiam-se em corridas que podem envolver elementos fictícios ou pouco usuais (como destruir o carro adversário antes de terminar a corrida), mas geralmente não apresentam histórias que movem os personagens, como nos jogos de ação.

Como nos jogos de esportes, o que motiva o personagem e, por consequência, o jogador, é a adrenalina pela disputa. Entre os jogos mais conhecidos estão *Gran Turismo* e *Need for Speed*.

Simulação

É difícil definir o gênero de simulação, pois ele pode ser empregado em diversos outros gêneros vistos nos itens anteriores. Existem jogos de corrida e de esportes que simulam situações reais; a simulação nesses casos é mais próxima da reprodução de movimentos baseados em personagens reais, como jogadores de futebol e pilotos de carros.

No entanto, vamos definir a simulação na perspectiva de representação da realidade, ou seja, são jogos que privilegiam a representação de situações vividas por seres humanos que, necessariamente, não poderiam ser experenciadas fisicamente sem que houvesse reações negativas ou a possibilidade de não conclusão ou reprodução das atividades.

Vejamos, por exemplo, jogos de simulação de voos. Um dos clássicos é o *FlightSimulator*, da Microsoft. Seu objetivo é o treinamento de pilotos (a compra de acessórios pode deixar a experiência de voar bem próxima da realidade). Já um jogo como *SimCity Societies* simula a gestão de uma cidade e a gestão de pessoas – seu foco é mostrar os reflexos de cada ação política no desenvolvimento humano.

O exército dos Estados Unidos aderiu à perspectiva de jogos de simulação há muito tempo, desde que passou a utilizar o jogo *America's Army* para treinamento de soldados para situações de guerra.

Como afirmado em Arruda (2011), se forem considerados os argumentos de Huizinga (2007), Jull (2003) e Callois (1958) sobre a definição de jogo, poderíamos chegar à conclusão de que os softwares de simulação não se configuram como jogos, visto que há um grande número de artefatos utilizados com finalidade específica de treinamento profissional que não levam em consideração aspectos como liberdade, fantasia, limitação no tempo e espaço, distanciamento da realidade, etc.

Apesar disso, vamos considerá-los na perspectiva dos jogos, pois, ainda que alguns sejam produzidos para o treinamento e a simulação da realidade, muitos

> **» IMPORTANTE**
> Os jogos de simulação servem para representar determinados atos que dificilmente o jogador poderia realizar fora da tela sem maiores consequências para si ou para os outros.

> **NO SITE**
> Acesse o ambiente virtual de aprendizagem Tekne para ter acesso a jogos digitais educacionais especialmente desenvolvidos para uma disciplina de eletricidade.

jogadores os utilizam por prazer, para competir e mostrar como podem se desenvolver determinadas situações, para aguçar a imaginação e a fantasia pelas criações dentro desses jogos.

A simulação tem sido cada vez mais utilizada para o treinamento – abre-se, portanto, um importante mercado de trabalho para o desenvolvedor de jogos digitais em espaços educacionais e empresariais, principais incentivadores da produção de jogos de simulação.

RPG

RPG, ou *Role-Playing Game* é um termo em inglês que significa "jogo de interpretação de personagens". Nesses jogo, os participantes assumem papéis de personagens e criam narrativas (histórias) colaborativas. O progresso de um jogo se dá de acordo com um sistema de regras e normas, que, no entanto, possui uma abertura para a improvisação e o desenvolvimento livre do jogo. O primeiro RPG comercial de que se tem conhecimento é o *Dungeons & Dragons* (masmorras e dragões), um jogo de fantasia medieval que surgiu por volta de 1974 nos Estados Unidos. Aqui no Brasil, sua versão em desenho animado é conhecida como *Caverna do Dragão*.

Em um grupo (ou sessão) de RPG, o mestre (ou narrador) apresenta uma trama, na maioria das vezes repleta de enigmas, charadas, problemas e situações que exigirão tomadas de decisão por parte do grupo de jogadores. A criatividade é muito evidente no RPG, pois grande parte das decisões é tomada pelos jogadores a partir de suas próprias experiências e pelas opções dadas, geralmente abertas o suficiente para que o jogador faça escolhas.

Os jogos de RPG mais famosos, conhecidos como MMORPG (*Massive Multiplayer Online RPG* – Jogos de RPG Online Massivos) são: *Ragnarok Online*, *World of Warcraft* e, um dos últimos e mais comentados, *Mass Effect 3*.

Esses jogos se caracterizam por permitir que jogadores do mundo inteiro participem das ações e das aventuras, criem suas histórias, seus grupos de contato e verdadeiras comunidades construtoras dos enredos de seus personagens.

RTS

RTS, ou *Real-Time Strategy* são jogos de estratégia em tempo real para computadores, que se baseiam na construção e no desenvolvimento de nações, países, tribos, cidades, planetas, etc. A ideia desses jogos é bem semelhante à dos jogos de estratégias, mas que não se apresentam em rodadas. Um grande exemplo do jogo de estratégia é *War*, famoso jogo de tabuleiro no qual os jogadores têm objetivos variados, como dominar países ou continentes, estabelecer alianças, construir um número específico de exércitos, etc.

No caso do RTS, as ações são simultâneas no ambiente computadorizado, ou seja, um jogador não precisa aguardar a ação do outro para jogar. Isso é possível devido ao desenvolvimento tecnológico dos jogos digitais, o que possibilita ações simultâneas em um mesmo espaço digitalizado.

Muitos dos jogos RTS têm como roteiro principal uma história. Grande parte deles foca o desenvolvimento do jogador na "evolução" de estruturas, tecnologias, exércitos, pesquisas, etc. Entre os jogos com foco na história, podemos citar *Rise of Nations*, *Age of Mythology*, *Empire Earth*, *World in Conflict* e *Age of Empires I, II e III*.

O primeiro jogo para computador do gênero RTS foi *Dune*. A partir da trama central do jogo, o jogador precisa desenvolver sua "civilização" de maneira a construir forças necessárias para retomar o poder.

Com base nesse jogo, muitos títulos foram lançados; os mais conhecidos são *StarCraft*, *World Of Warcraft*, *Total Annihilation*, etc.

Resumidamente, podemos afirmar que os jogos RTS tem uma programação específica, que mostra ao jogador os objetivos para que ele alcance a vitória – diferente da estrutura mais aberta do RPG, no qual o jogador modifica seus objetivos. O jogador tem abertura para fazer escolhas em relação à forma como ele irá desenvolver seus objetos e obter sucesso no jogo; no entanto, essas possibilidades apresentam certos limites impostos pela programação do jogo.

Essa abertura não está relacionada aos limites de tempo e espaços das ações programadas nos jogos, mas na grande quantidade de possibilidades de ação dadas ao jogador exatamente por tais programações. Para entender melhor: o jogo *Making History* predetermina por sua programação algumas ações, como a declaração de paz ou aliança a um país. Entretanto, não existe regra determinando com quem se faz ou desfaz tratados de paz e alianças, ficando à escolha do jogador direcionar tais ações.

A definição é de caráter mais técnico e privilegia a liberdade de o jogador tomar suas próprias decisões e arcar com suas consequências – o que Johnson (2005) chama de exploração do ambiente. Nenhuma forma de entretenimento propicia esse espaço de exploração e recompensas; mesmo o programa televisivo mais interativo limita a ação do telespectador a escolher duas ou três opções em determinada situação – reside aí a abertura do jogo defendida neste trabalho.

>> RESUMO

Como você viu neste capítulo, a história dos jogos digitais se confunde com a história da disseminação da microinformática na sociedade. A velocidade com que os jogos envolvem a sociedade atual demonstra sua importância no campo da cultura e do desenvolvimento do trabalho. Percebemos que os diferentes gêneros de jogos potencializam um amplo campo de atuação para o técnico em desenvolvimento de jogos digitais. No próximo capítulo, analisaremos os enredos, os roteiros e as narrativas, elementos muito importantes na criação de games.

capítulo 3

Enredo, roteiros e narrativas

No capítulo anterior, ao percorrer um pouquinho da história dos jogos digitais, vimos que os primeiros games não tinham uma história muito elaborada, complexa. Hoje, devemos reconhecer que o videogame é a nova face da arte de contar uma história. Neste capítulo, discutiremos o enredo, os roteiros e as narrativas necessários para o desenvolvimento de jogos digitais.

Objetivos deste capítulo

» Distinguir os aspectos da fantasia e da realidade nos jogos digitais.

» Descrever o que é enredo.

» Identificar o tipo de narrativa usada nos jogos digitais.

>> Introdução

Você viu, no capítulo sobre a história dos jogos digitais, que os primeiros jogos eram muito simples e geralmente não tinham uma história complexa. Inicialmente os jogos eram de tiro, de corrida, de basquete, enfim, envolviam situações nas quais bastava um espaço reduzido e a criação de alguns personagens, heróis e vilões, para o desenvolvimento do jogo.

Entretanto, a quebra da indústria de jogos na década de 1980 e o surgimento da forma de produzir jogos da empresa Nintendo mostraram ao mercado de games que uma boa história é elemento fundamental para promover o consumo de um jogo.

É possível perceber isso com mais clareza nos dias atuais – observe que grande parte dos jogos tem histórias tão elaboradas, que, se fossem transcritas para o papel, provavelmente ocupariam centenas de páginas. A seguir, veremos melhor a importância do enredo, do roteiro e da narrativa no desenvolvimento de um jogo digital.

> **>> NO SITE**
> Acesse o ambiente virtual de aprendizagem tekne (www.bookman.com.br/Tekne) para ler um artigo que trata do papel da imagem dentro da narrativa dos games.

>> Enredo

O enredo nada mais é do que as histórias que se passam no game, ou seja, como a história se desenvolve. Tem importância singular em um jogo, pois é o responsável por contar a história que se passa nele, e essa história precisa prender o jogador. Em um jogo como *Civilization* (série de jogo de computador criada por Sid Meier), por exemplo, o enredo são as tramas políticas e a busca pelo poder mundial, por meio dos contatos e embates estabelecidos com as demais civilizações. Já em *Resident Evil*, o enredo é a contaminação da população por um vírus que transforma todos em mortos-vivos.

Um bom enredo pode tornar o desenvolvimento do jogo interessante – é preciso haver sentido em jogar, principalmente nos jogos atuais. Como já visto, os jogos das décadas de 1970 e 1980 eram simples, em função tecnologia da época. O máximo de enredo e história existente seria a necessidade de o *Pac-Man* comer o máximo possível e fugir dos fantasmas. Já em *Space War*, a temática era a invasão alienígena, bem próxima à própria dimensão militarizada da época, devido à Guerra Fria. Entretanto, o foco do jogo era apenas sobreviver o máximo possível.

> **>> DEFINIÇÃO**
> **Enredo** significa intriga ou trama e, num texto narrativo, designa a sucessão de acontecimentos que compõem a ação de uma obra de ficção. Um enredo policial ou o enredo da novela são exemplos do uso do termo.

Ainda assim esses jogos faziam sucesso. Ou melhor, pelas próprias dimensões do período, é possível observar por que faziam tanto sucesso – eram novidade. Abria-se um mundo de programação, movimentos e manipulações dos computadores. Hoje esse mundo é menos atraente, pois qualquer pessoa com acesso a um computador pode criar seu próprio jogo, softwares, aplicativos para redes, etc.

É nesse sentido que é possível perceber um crescimento de demanda por jogos cada vez mais complexos, com histórias que envolvam tramas intrincadas, diversos personagens, níveis e fases. Veja alguns dos jogos que têm servido de base para a produção de filmes norte-americanos:

- Resident Evil
- Final Fantasy
- Super Mario Bros.
- House of the Dead
- Alone in the Dark
- Dead or Alive
- Fatal Fury
- The King of Fighters
- Lara Croft – Tomb Raider
- Mortal Kombat
- Prince of Persia
- Street Fighter
- Silent Hill

> **» IMPORTANTE**
> O caminho que se abre para o desenvolvedor de jogos digitais é a busca por espaços de produção nos quais ele possa participar de projetos singulares, diferentes da maioria, para construir uma carreira baseada em inovações e na construção de ideias que modifiquem as experiências de jogar.

Agora, você já imaginou um filme baseado no jogo *Moon Patrol*? Provavelmente não, pois ele não teria enredo e conteúdo suficientes para prender um telespectador por duas horas. O que percebemos é a produção de games que tragam histórias, motivem os jogadores, criem sentidos e necessidade de ação dentro do jogo.

» CURIOSIDADE

Moon Patrol foi um jogo de arcade lançado pela empresa Irem em 1983, com versões para computador e Atari 2600. O objetivo do jogo era patrulhar um território e destruir naves alienígenas.

Veja a descrição resumida do enredo de dois jogos de épocas diferentes:

***1942*: lançado em pela Capcom em 1986**

O jogo se passa no mesmo ano de seu título, e a ideia principal é um combatente das forças aliadas que luta contra os inimigos durante a Segunda Guerra. Para isso, em cada etapa (ou fase) o jogador precisa enfrentar diferentes navios, tanques, aviões; ao final de cada fase há um adversário (navio, avião ou tanque) mais forte e armado de diversas bombas para destruir o avião aliado. O avião do jogador vai "evoluindo" à medida que recolhe objetos bônus – essa evolução permite a melhoria de suas armas e de suas bombas.

***Resident Evil 6*: lançado pela Capcom em 2012**

Figura 3.1 Imagem do jogo *Resident Evil*.

O jogo se passa em um futuro fictício no qual uma grande corporação, a Umbrella, lança um composto – o *T-Virus* – cujo efeito colateral é transformar as pessoas em uma espécie de mortos-vivos. Diferentes heróis precisam, dentro de suas tramas, resolver situações complexas, localizar territórios, abrir passagens ou salvar pessoas para garantir sua sobrevivência. Cada nova etapa do jogo demonstra as ações da corporação, que é movida essencialmente pelo poder e pelo dinheiro, não se importando com o que acontece com as demais pessoas.

Existem personagens resistentes ao vírus e outros que se transformam em diferentes zumbis e monstros deformados, há a busca pelos motivos da criação do vírus, bem como o que move cada personagem/herói do jogo. Há ainda personagens novos, bioterroristas que se transformam imediatamente em monstros, cujo principal papel é levar o terror à população chinesa.

O enredo desse jogo é tão variado que deu origem à franquia de filmes homônimos, com várias continuações. Esse enredo é baseado na ficção científica e se, por um lado, não traz muita inovação na história, por outro, foi um dos pioneiros em elevar a tensão do jogador ao máximo, dando uma impressão de que se está presente na cena e da necessidade de sobrevivência, ou até mesmo a sensação de que se é devorado pelos zumbis.

Como você deve ter percebido, o enredo, ou a trama principal de um jogo, pode oferecer muitas pistas sobre como ele pode ser desenvolvido ou sobre a viabilidade de sua produção.

Agora é a sua vez!

Descreva agora um pouquinho de sua história:

1. Como ela surge?
2. Desenvolva seus personagens.
3. Explique por que o jogo funcionaria melhor em um gênero e não em outro.

O objetivo desta atividade é fazê-lo pensar continuamente no enredo de um jogo quando você for desenvolver qualquer tarefa relacionada à produção de jogos. Conhecer o roteiro é fundamental para desenvolver as ações posteriores, que darão "vida" ao jogo.

Esta tarefa também é importante caso você comece sua carreira produzindo jogos em pequenas empresas ou venha a criar a sua própria. Como o número de profissionais será reduzido, participar do desenvolvimento de todo o processo do jogo será primordial.

Aspectos da fantasia e da realidade nos jogos digitais

Qual é o tipo de história que mais chama a sua atenção? Aquela baseada em mundos fantásticos ou a com pitadas de realidade?

Poderíamos dizer que todo jogo possui muita fantasia, o que seria notadamente verdade, mas muitos jogos são baseados em situações reais – um grande exemplo é o *Grand Theft Auto*. Esse jogo coloca o jogador na pele de um gângster, e seu papel é desenvolver o jogo batendo, roubando e agredindo outras pessoas – inclusive, isso levou o jogo a ser criticado e até proibido em vários lugares.

Mesmo um jogo baseado em realidade é ficcional, pois apresenta aquilo que pode vir a ocorrer, não necessariamente o que de fato ocorre, pois transgredir as leis, por exemplo, tem consequências.

A principal característica de um jogo ficcional – baseado em situações que não existem, mas que têm referências reais – deve ser a **verossimilhança**. Um exem-

> **» ATENÇÃO**
> O enredo será a base para a produção do seu jogo. A criação de uma boa base histórica é fundamental para garantir a construção de personagens e ambientes de jogo.

plo típico de inverossimilhança é a mudança drástica da personalidade de um personagem sem motivo aparente, sem que qualquer explicação seja dada. O leitor/espectador/jogador da narrativa precisa entender o porquê dos acontecimentos e conseguir relacioná-los.

Agora é a sua vez!

1. Faça uma tabela com três colunas: fantasia, realidade, mistura dos dois.

2. Na tabela, insira os jogos abaixo de acordo com a característica de cada um:

   Final Fantasy
   Ragnarok
   Super Mario Bros.
   Transformers
   Dirt Showdown
   Civilization
   SimCity
   Making History
   Batman Arkham Asylum
   Tony Hawk's
   London 2012

Jogos de fantasia ou ficção: elementos constitutivos, características e exemplo

É importante, no processo de criação do jogo, discutir com o grupo a referência de ficção na qual seu jogo se insere. Lembre-se de que o sucesso de um jogo não está diretamente relacionado ao fato de ele possuir diversos elementos, mas de ter poucos bem-elaborados e bem-desenvolvidos.

Nesse sentido, é importante que, no processo de criação do jogo, sejam pensadas e planejadas as **referências culturais** nas quais os jogos estarão inseridos. Por referências culturais entendemos se o jogo tem vínculo com o presente, com o fantástico, com o passado – caso se baseie em histórias já criadas – ou se é um *remake* de um jogo de outra época.

Vejamos, por exemplo, o jogo *Assassins Creed 3*. Trata-se de um jogo histórico de ação e aventura, lançado pela empresa Ubisoft em 2012. O jogo ocorre entre 1753 e 1783, antes, durante e depois da Revolução Americana.

O personagem principal, Connor Kenway, nasceu e foi criado em uma aldeia Mohawk do século XVIII. Filho de pai britânico e mãe indígena, inicia uma batalha contra o autoritarismo e a tirania, após sua vila ser incendiada pelos Templários, aparentemente os vilões. O jogo se passa entre 1753 e 1783, no período em que, no mundo ficcional, ocorre a guerra entre a Irmandade dos Assassinos, à qual Connor pertence, e a Ordem dos Cavaleiros Templários, seus inimigos. O enredo segue diversos episódios marcantes da história americana, como a Guerra dos Sete Anos e a Revolução Americana, na qual os Estados Unidos lutaram contra a Inglaterra em busca de liberdade. Nesse jogo, o jogador interage com figuras históricas como George Washington, Benjamin Franklin e Thomas Jefferson, além de participar de grandes acontecimentos da história americana, como o Grande Incêndio de Nova York (1776) ou as batalhas do Vale Forge.

O jogo está disponível para as plataformas Xbox 360, PlayStation 3, Wii e PC. Note que é necessária uma composição histórica muito elaborada, elementos gráficos altamente sofisticados, bem como a participação de uma equipe significativa. Só para ilustrar, o jogo foi desenvolvido ao longo de três anos e custou alguns milhões de dólares.

Apesar de a história dos protagonistas ser uma fantasia, o período em que eles desenvolvem suas ações é histórico, ou seja, grande parte dos acontecimentos ocorreu – dessa forma, é preciso desenvolver uma capacidade muito grande de simulação de ambientes, climas, figurinos, acontecimentos e personagens históricos. Caso isso não ocorra no game, é bem possível que seu sucesso fique comprometido, pois não haveria verossimilhança, e o jogador teria a impressão de que foi enganado.

>> Agora é a sua vez!

Observe, portanto, que o jogador exigirá dos desenvolvedores de videogames o comprometimento em apresentar um jogo que seja honesto, que se proponha a apresentar aquilo que prometeu.

Você viu neste capítulo que a história do jogo deve chamar a atenção do jogador e prendê-lo. Em apenas uma ou duas frases, produtores de filmes e de videogames tentam convencê-lo a comprar o jogo ou assistir ao filme. Observe cartazes de filmes e caixas de videogames para ver como isso funciona. Em seguida, seguindo a linha dos textos que observou, descreva o seu jogo em uma ou duas frases.

Roteiros e narrativas

> **DEFINIÇÃO**
> As **narrativas** são a forma como uma história é contada/apresentada. Já o **roteiro** é a estrutura como essa história será apresentada, a maneira como será organizada e apresentada às pessoas, que podem ser leitores, jogadores ou telespectadores.

Agora que o enredo já foi pensado, é importante passarmos para a fase da construção da estrutura narrativa do jogo. O que você entende por roteiro e por narrativa?

Há quem diga que os jogos digitais não têm narrativas já que os jogadores constroem as histórias pelas suas ações dentro do jogo, ou seja, a história é construída pelo próprio jogador. Entretanto, essa afirmativa é incorreta. O autor americano Steven Johnson não só defende a existência das narrativas e dos roteiros nos jogos digitais, como também afirma que elas se tornaram tão complexas que se aproximam dos roteiros de filmes, podendo, inclusive, ocupar mais páginas do que romances e livros de literatura.

» CURIOSIDADE

Você já ouviu falar de **adventure games**? Um adventure game é um jogo digital no qual o jogador assume o papel de protagonista, em uma história interativa guiada pela exploração do espaço e resolução de enigmas. Embora existam elementos de ação nos adventures, eles não são essenciais: o foco, mesmo, é a narrativa. Apesar de parecer muito similar a um RPG, existem algumas diferenças cruciais. No RPG, um dos principais objetivos é desenvolver o seu personagem: o jogo apresenta um sistema de pontuação e níveis, ou seja, você só poderá fazer determinada tarefa se está no nível desejado. Nos adventures, não há níveis, mas um espaço inexplorado: para ter acesso a novo lugar, basta o jogador ser capaz de solucionar determinado problema.

Apesar de os jogos terem uma dinâmica bem específica, completamente diferente de um romance, a constituição do jogo exige a criação de uma história que tenha verossimilhança e que explique a condição na qual se dá a ação no jogo. Veja que, de forma indireta, já discutimos a criação da narrativa de seu jogo e apresentamos, de forma incipiente, os roteiros necessários para a construção de seu game.

Mas as narrativas são construções recentes ou já existem há muito tempo? Ao considerarmos a narrativa como a forma como se conta uma história, com início, meio e fim, é possível afirmarmos que ela existe há milênios e pode ser observada em diferentes sociedades e épocas.

As pinturas pré-históricas podem ser consideradas as primeiras narrativas das quais se tem conhecimento. Tratava-se de imagens que, conforme afirmam os pesquisadores da área, consistiam em mostrar como era o cotidiano dos homens que viviam em cavernas. Essas pinturas são denominadas **pinturas rupestres**. Como a língua falada e a escrita não haviam sido desenvolvidas, a comunicação entre os homens era realizada por meio das pinturas.

Na Grécia Antiga, as narrativas eram muito importantes para contar as histórias dos antigos para as novas gerações. Essa tradição ainda é mantida até hoje.

O que os mais velhos contam também é narrativa: eles descrevem a história que viveram. Mas você vai observar que cada um conta de uma forma, usa entonações diferentes, valoriza mais determinadas situações e menos outras. Esta é outra característica da narrativa: prender a atenção de quem ouve, lê ou assiste. Um bom contador de história não é necessariamente aquele que se prende ao fato ocorrido, da forma como exatamente aconteceu, mas aquele que consegue fazer com que um fato ganhe importância para quem escuta, que aguça a curiosidade e a vontade de ter estado naquele lugar.

Com a invenção da escrita, por volta de 4000 a.C., e no século XV, com a invenção da imprensa, a narrativa alcançou outro status: o de poder ser reproduzida de forma rápida e barata, em papel, na forma de livros.

A diferença entre a **narrativa oral** e a **escrita** é que na oral cada pessoa conta a história de uma forma; já na escrita, a forma de contar é a mesma, pois o texto não é modificado a cada leitura. Veja a Tabela 3.1 para conhecer as especificidades do texto oral e do texto escrito.

O narrador de textos escritos passa a ser importante pela sua capacidade de manter o leitor fiel ao seu texto, interessado em descobrir como a história vai acabar, preocupado em construir os personagens que só existem nas palavras.

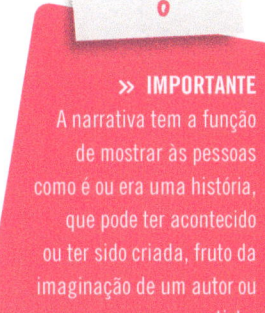

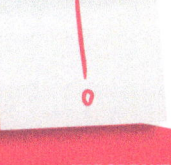

> **» IMPORTANTE**
> A narrativa tem a função de mostrar às pessoas como é ou era uma história, que pode ter acontecido ou ter sido criada, fruto da imaginação de um autor ou artista.

> **» IMPORTANTE**
> O roteiro, por sua vez, procura organizar a maneira como a história será mostrada por quem joga. Por exemplo, o roteiro de um jogo como *Age of Empires III* deve descrever os movimentos de barcos e personagens nas batalhas ou a reação dos personagens quando são atacados ou atacam.

Tabela 3.1 » **Principais diferenças entre o texto escrito e o texto falado**

Oralidade	Escrita
Interação face a face	Interação à distância (espaçotemporal)
Planejamento simultâneo ou quase simultâneo à produção	Planejamento anterior à produção
Criação conjunta entre os interlocutores: formulação e reformulação	Criação individual
Impossibilidade de apagamento	Possibilidade de revisão
A reformulação pode ser promovida tanto pelo falante como pelo interlocutor	A formulação é promovida pelo escritor
Acesso imediato às reações do interlocutor	Sem possibilidade de acesso imediato
O texto tende a mostrar o processo de criação	O texto tende a esconder o processo de criação, mostrando o produto

Qual o último livro de literatura que você leu? Já leu *Harry Potter* ou *O Senhor dos Anéis*? Quando você leu um livro de literatura, ficou com vontade de descobrir como seriam os personagens, caso eles pudessem ser vistos, pintados, fotografados? Se você sentiu essa necessidade, provavelmente é porque o narrador cumpriu com seu objetivo, ou seja, fez com que o livro se tornasse interessante para você.

Na televisão, no cinema e nos jogos digitais, a narrativa é semelhante às orais e escritas. Entretanto, pode ser materializada pelas imagens e pelos movimentos, ou seja, a história é contada e, ao mesmo tempo, você visualiza os personagens, os espaços, as batalhas, a ação.

De uma maneira geral, essas narrativas têm finalidades semelhantes: procuram garantir o envolvimento do público que as acompanha, fazê-lo se interessar pelas histórias e querer fazer parte delas.

» O herói

Joseph Campbell, filósofo e antropólogo, grande estudioso da obra de James Joyce, cunhou a expressão "a jornada do herói", que é um conceito de jornada cíclica presente em mitos. Essa expressão também é chamada de monomito e representa uma história que conta a saga de um personagem ou de um herói que enfrenta desafios para alcançar seus objetivos.

Trata-se de uma referência para a construção de histórias. George Lucas, por exemplo, afirma que baseou sua saga *Guerra nas Estrelas* nessa estrutura. É uma estrutura linear, ou seja, há alguns passos pelos quais o herói precisa passar para que chegue ao final da saga.

O mito mais poderoso presente em nossa cultura é o do herói. Campbell descobriu que há padrões comuns em todos os mitos de heróis de obras ficcionais. Ele observou também que, mesmo com a mudança de nomes ou de locais, a estrutura de construção do mito é sempre bem semelhante. A jornada do herói representa, de forma indireta, os acontecimentos de nossa vida e de nosso cotidiano, por isso gera uma identificação tão grande. Cada vilão derrotado por um personagem representa um dragão que matamos na forma de lição de casa, projeto de trabalho, superação de um medo. E não se trata apenas de "derrotar o dragão", mas de todos os aspectos que compõem a jornada do herói (Cousineau, 2003).

Inicialmente, a jornada do herói estava descrita em 17 passos, porém, o autor Vogler (1997) a reduziu para 12 fases. Acreditamos que compreender cada uma dessas fases é importante para que você identifique o que é uma narrativa.

1. **Mundo Comum:** É a apresentação do mundo comum do herói, momentos antes de a história começar. Nesse momento ele é igual a qualquer outro personagem, embora seja possível localizá-lo no meio da trama.

2. **O Chamado da Aventura:** Surge um problema, um obstáculo a ser ultrapassado pelo herói, que emerge como um chamariz para que ele abandone a vida que vinha levando até então.

3. **Reticência do Herói ou Recusa do Chamado:** O herói, em um primeiro momento, recusa o convite, pois tem medo do que vai encontrar, isso cria um clímax, uma tensão na história, levando-nos a questionar se ele vai ou não enfrentar o problema.

4. **Encontro com o Mentor ou Ajuda Sobrenatural:** O herói encontra um mentor ou uma ajuda sobrenatural que lhe dá forças ou o treina para que tenha condições de enfrentar as dificuldades que estão por vir.

5. **Cruzamento do Primeiro Portal:** Nesse momento, o herói abandona sua vida "comum e pacata" e começa a jornada rumo à aventura, ao desconhecido.

6. **Provações, Aliados e Inimigos ou A Barriga da Baleia:** Para aprender a lidar com esse novo mundo de aventura, o herói encontra pelo caminho aliados que o ajudam e inimigos a serem vencidos. Esse momento é fundamental para sua aprendizagem, e sua preparação para o ato final.

7. **Aproximação:** O herói vai vencendo seus obstáculos e avançando no mundo de aventuras.

8. **Provação Difícil ou Traumática:** É o ponto clímax da aventura; nele o herói encontra uma situação de vida ou morte, e qualquer erro o levará à derrota.

9. **Recompensa:** É o que o herói obtém por conseguir vencer a morte, também chamado de "elixir" (nesse caso, apenas uma "metáfora" para algum objeto, situação ou pessoa que é conquistada pelo herói).

10. **O Caminho de Volta:** O herói retorna ao mundo comum, no qual ele vivia anteriormente. É uma forma de mostrar que, aparentemente, os desafios terminaram.

11. **Ressurreição do Herói:** Os desafios reaparecem e exigem do herói uma nova provação, na qual ele irá enfrentar a morte e utilizar tudo o que foi aprendido.

12. **Regresso com o Elixir:** Depois da vitória "final", o herói retorna com o "elixir" e o distribui a todos no mundo comum. É o momento em que ele demonstra solidariedade e preocupação com o coletivo, em contraposição com o egoísmo de seu antagonista.

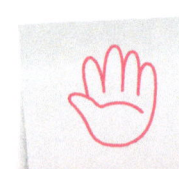

» Tipos de narrativa

Nos jogos digitais, a narrativa é subdividida de acordo com o desenvolvimento da história. A seguir, conheça os tipos e as características de cada narrativa.

Narrativa linear

É caracterizada por um conjunto de ações que são realizadas a partir de cada etapa anterior. Pense no seu dia a dia: só é possível realizar uma atividade depois que a anterior é concluída. Se você quer compreender a dinâmica de uma narrativa linear, assista aos episódios de *Guerra nas Estrelas*.

A estrutura em três atos funciona bem nos jogos, porque dá ao jogador uma meta ou um conjunto de metas, e ele trabalha para resolver o problema. Há vários jogos com essa estrutura – muitos deles desenvolvidos na década de 1990, como *Final Fight, Captain Commando, Cadillacs and Dinosaurs,* entre outros.

Esses jogos tem uma narrativa razoavelmente simples, mas são coerentes com a maneira como são apresentados ao público. Eles possuem várias fases, nas quais o jogador precisa enfrentar bandidos com diferentes habilidades e características físicas. Ao final de cada fase, há um bandido mais poderoso, considerado o "chefe" da região. Os heróis não combatem o crime de forma gratuita, ou seja, não foram colocados sem propósito no jogo. Cada um tem uma relação direta com a história que os motiva à "caçada" aos bandidos.

Um roteiro como o desses jogos provavelmente já deve ter sido visto por qualquer pessoa em diversos filmes de ação policial; entretanto, no jogo há a **possibilidade de o jogador ser o próprio herói**, ou seja, a pessoa que vai determinar a vitória ou a derrota. Porém, assim como nos filmes, o jogo não pode ser alterado: não é possível ao jogador modificar armas, roupas, efetuar trocas entre jogadores.

Tem-se a impressão de que se trata de um jogo antigo, ou seja, com uma narrativa não mais utilizada – mas isso não é verdade. Muitos dos jogos contemporâneos ainda utilizam a narrativa linear, principalmente os jogos casuais – lembre-se de *Angry Birds*, que analisamos antes. Esse é um jogo de narrativa linear. Muitos jogos empresariais também usam dessa estrutura narrativa.

Lembre-se de que você será um desenvolvedor de jogos digitais, mas os jogos desenvolvidos por você serão utilizados em diferentes lugares – não só para o entretenimento. Portanto, prepare-se para desenvolver jogos para espaços educativos, empresas, celulares, *tablets*, *smartphones*, entre outros. É por isso que o domínio da narrativa linear é tão importante: ela é uma base para o desenvolvimento de jogos mais complexos, semelhantes aos jogos produzidos pelas grandes empresas do setor. Enfatizamos novamente que estes jogos custam milhões de dólares e há equipes imensas envolvidas no processo de produção. Logo, é importante que você conheça todos os espaços e perceba as limitações e possibilidades de cada um, para que possa desenvolver o melhor jogo dentro das possibilidades dadas ao lugar que vier a ocupar na cadeia produtiva dos jogos.

» **ATENÇÃO**

A tradição da narrativa linear, em sua maioria, segue o que chamamos de estrutura em três atos, onde a história pode ser dividida em um começo, meio e fim definidos. No começo, há a exposição do problema, este chega a um clímax no meio, e é resolvido no final.

Narrativas não lineares

Nesse caso, a linearidade não é tão importante, pois os acontecimentos podem ocorrer de forma simultânea, e acontecimentos futuros podem interferir no passado, ou seja, **o passado, o presente e o futuro se sobrepõem** para o desenvolvimento da história.

Revistas em quadrinhos também costumam apresentar estruturas narrativas não lineares. Suas histórias são interligadas entre heróis e entre temporalidades – acontecimentos do passado e do futuro causam impactos no presente e vice-versa, e personagens de diferentes mundos se inter-relacionam.

Nos jogos, as narrativas não lineares envolvem modificações do curso da história. É dada ao jogador a opção de escolher o que fazer dentro do jogo. O jogo *Resident Evil 6*, por exemplo, possui diversos caminhos e fases, e os jogadores vão explorando cada uma delas e têm a possibilidade de modificar a ordem dos espaços.

Esse tipo de narrativa se caracteriza pela grande variabilidade. O jogador tem a impressão de que altera o mundo e que isso é resultado direto de suas ações, apesar de essas possibilidades já se encontrarem pré-programadas.

As narrativas não lineares se distinguem ainda por oferecerem vários finais e várias opções de resultados – diferentemente da narrativa linear, em que muitas vezes é possível saber o resultado antes mesmo de jogar.

Tipos de histórias não lineares

Existem duas categorias principais de jogos não lineares e, às vezes, há uma combinação de ambas: mundo aberto, ramificação e *emergent gameplay*.

Mundo aberto (Open World): Em geral, o jogador encontra diferentes partes da história, que podem ser acessadas da forma e na ordem que o jogador escolher. Entre os jogos mais conhecidos podemos citar *World of Warcraft* ou as missões em *Grand Theft Auto 3*.

Ramificação (branching): Esse tipo de história pode ser encontrado na forma de tramas que se ramificam em diferentes desfechos ou de uma árvore ramificada que converge ou diverge em histórias paralelas direcionadas para o mesmo destino. O jogo *Resident Evil 6* é um exemplo desse tipo de história.

Jogos com narrativas não lineares geralmente apresentam um alto grau de complexidade, pois os desenvolvedores precisam desenvolver várias histórias dentro do jogo, para dar a sensação da presença de várias possibilidades de jogos. Na prática, esse tipo de narrativa passa uma sensação de que o jogo possui vários outros jogos dentro de si.

Além disso, gerir as opções e desenvolver a teia de acontecimentos de maneira que possam convergir ou divergir na história também representa uma tarefa complexa. Entretanto, podemos perceber que as narrativas não lineares têm se

> **» DICA**
> Para entender melhor a narrativa não linear, assista a uma temporada da série de televisão *Lost*, produzida por J.J. Abrams e transmitida pela ABC (rede de televisão norte-americana) entre os anos de 2004 e 2010.

> **» IMPORTANTE**
> A narrativa não linear, mais do que oferecer escolhas, permite incluir elementos dinâmicos na trama.

tornado famosas e estão cada vez mais presentes nas produções de jogos e no entretenimento em geral.

Mesmo os jogos não pensados como lineares muitas vezes contam com elementos não lineares para adicionar profundidade. Por exemplo, jogos de esportes geralmente não são conhecidos por suas tramas complexas. No entanto, em jogos como o Fifa 2013, você pode tomar decisões sobre como planejar seu time, contratar jogadores, dirigir uma seleção com estrelas ou jogadores difíceis, etc.

Emergent gameplay: Nele a história é resultado da imprevisibilidade do controle do jogador sobre seu personagem. O jogo que mais se aproxima desse tipo é *The Sims*. A história se desenvolve a partir das ações do jogador e da forma como o personagem reage a essas ações, seja pela inteligência artificial ou pelas programações que orientam o desenvolvimento dos personagens, ou ainda a combinação de ambos. Nesse tipo de jogo não é possível prever eventos específicos.

Desafios comuns na concepção de jogos não lineares

Se as histórias não lineares são tão convincentes, por que a maioria dos jogos não é planejada assim? A resposta está na complexidade de seu desenvolvimento – como tais jogos envolvem programação de alto nível, com diversas possibilidades, isso significa que será necessária a contratação de muitas pessoas e levará mais tempo para que o jogo fique pronto – por isso que a maioria dos títulos de sucesso acaba sendo linear.

>> **NO SITE**
Acesse o ambiente virtual de aprendizagem Tekne para ter acesso a material de apoio exclusivo que trata da estrutura e dos elementos da narrativa.

>> RESUMO

Vimos neste capítulo que um jogo digital é muito mais do que a soma de suas partes. Um jogo deve ter **sinergia**, e criar esta sinergia exige um grande conhecimento técnico. Como veremos no Capítulo 5, o primeiro passo para criação de um jogo é a concepção de uma ideia. O próximo passo é criar o mundo do game, com os personagens e a ação. Por fim, tudo isso tem que ser documentado para que seu jogo possa tomar forma. No entanto, dar forma àquela ideia inicial não é nada fácil. Uma das melhores formas de visualizar um jogo é fazer um **storyboard** dele, ou seja, criar uma sequência de esboços que resumam os níveis do jogo, suas cenas e objetivos. Cada cena deve incluir um pequeno texto descrevendo o que representa. Dito isso, vamos à atividade seguinte?

❯ Agora é a sua vez!

1. Crie o roteiro do seu jogo – a narração da história.

2. Crie as regras e interações no jogo – jogabilidade.

3. Construa um *storyboard* do jogo – como ele se desenrolará, quais os caminhos a serem percorridos pelos jogadores.

Guarde bem seu *storyboard* e todos os detalhes do seu game. É importante manter uma documentação, para que tudo o que foi feito não se perca. Assim, você poderá revisar o que criou sempre que preciso e terá ideia do todo, o que é muito importante no caso de querer alterar algum elemento.

capítulo 4

Criação de personagens

Qual é o personagem de que você mais se lembra (pode ser de jogo digital, de filmes, de desenhos animados)? Por que você acha que ele marcou tanto? A lembrança de um personagem, seja ele herói ou vilão, significa que ele de alguma forma marcou as pessoas. Neste capítulo, trataremos da criação de personagens para jogos digitais.

Objetivos deste capítulo

» Comparar os principais arquétipos e suas funções, como o herói, o anti-herói e o sombra (ou vilão).

» Reconhecer a importância do ponto de vista e da relação com a narrativa para o desenvolvimento dos personagens.

» Identificar elementos da história e da evolução dos personagens.

» Introdução

Vamos pensar um pouco em personagens inesquecíveis, que fazem parte do imaginário de quem consome produções cinematográficas e televisivas, jogos e quadrinhos.

Segundo a *Film Critics Society*, o maior vilão da história do cinema é Darth Vader. É interessante observar a importância, não só desse personagem, mas da saga *Guerra nas Estrelas*, para diferentes gerações. Para além das telas, foram produzidos jogos digitais, desenhos animados, quadrinhos, brinquedos, etc. George Lucas é um dos precursores do licenciamento de produtos baseados em produtos culturais.

Mas voltemos ao vilão Darth Vader, que na verdade é Anakin Skywalker, pai de Luke Skywalker e da Princesa Leia. Esse personagem possui uma caracterização que lhe é muito própria. Em primeiro lugar, não é um vilão cômico, não se preocupa em explicar suas ações para os mocinhos e tampouco tem clemência quando seus subalternos erram. Seu figurino é muito criativo, e o distingue de qualquer outro vilão já criado. O conjunto da máscara negra e do uniforme não deixam dúvida de que se trata do vilão criado por George Lucas. Ele tem um poder quase invencível, pois manipula a força *Jedi*, sem escrúpulos ou ética, o que lhe permite o exercício do poder sem limites.

Apesar de toda a maldade acumulada, esse vilão é, ao mesmo tempo, um personagem razoavelmente humanizado, a começar pela sua aparência. Desde o primeiro filme, que mais tarde foi transformado no episódio 4, *Guerra nas Estrelas: Uma Nova Esperança*, é possível perceber que há uma história por trás desse personagem que merece ser contada. Mesmo com imenso poder, ele se esconde atrás de uma máscara e tem a respiração ofegante, como se tivesse grande dificuldade de respirar, o que também demonstra uma grande fragilidade, pois a qualquer momento a perda de sua armadura pode significar a morte.

Além disso, ele tem uma história que poucos conhecem ou que não querem contar. Ele já foi uma pessoa boa, que se juntou ao lado negro devido à instabilidade emocional. No episódio 5, *O Império Contra-Ataca*, ficamos sabendo que ele é pai do herói do filme: Luke Skywalker.

Apesar de o personagem citado ser oriundo do cinema, ele se transformou em um personagem importante em todos os jogos já lançados da franquia *Guerra nas Estrelas*. Um bom personagem, portanto, pode render um excelente retorno para o grupo ou a empresa que o produz.

Elaboração do personagem

A construção de um personagem deve ser bem elaborada e deve envolver elementos que o tornem único, para que ele não possa ser copiado abertamente por outros. O personagem deve cativar, chamar a atenção do público, demonstrar sua diferença e os pontos que o tornam forte e os que o tornam fraco.

Os personagens estão diretamente relacionados a todo o processo de criação e são elaborados de acordo com uma série de características do jogo, como:

- gênero do jogo;
- número de jogadores;
- plataforma em que acontece o jogo;
- tempo de duração do jogo;
- espaço em que acontece o jogo.

Quando se trata da transposição de outras mídias para o jogo, esses elementos também precisam ser compreendidos. Entretanto, grande parte do processo criativo já está previamente realizado, pois a história do personagem, os movimentos esperados dele, os demais personagens que fazem parte da ação, as posturas diante de determinadas situações e todos os aspectos que caracterizam os personagens de outras mídias já são conhecidos ou esperados. Existem diversos exemplos desse tipo de personagem: Harry Potter, Frodo (de *O Senhor dos Anéis*), Batman, Wolverine (dos *X-Men*), Bob Esponja, entre centenas de outros personagens.

É importante observar, porém, que estamos falando de personagens "jogáveis", ou seja, aqueles que podem ser movimentados pelo jogador ou que reagem às atividades dele. Existem ainda jogos nos quais os personagens, quando existem, não são jogáveis, e apenas fazem parte das cenas dos jogos.

Jogos de gerenciamento (jogos em que o foco é gerenciar algo: cidades, parques, fazendas, etc.) costumam se encaixar nessa situação. *SimCity* e *RollerCoaster – Tycoon* não possuem personagens jogáveis, pois o jogador é uma espécie de deus que controla tudo e todos por meio de seus comandos. Ainda assim, esses jogos envolvem discussão sobre personagens, pois mesmo sua ausência deve ser discutida para que seja compreendida como algo que não prejudica o funcionamento do jogo.

> » **DICA**
> Os personagens são responsáveis pelos acontecimentos do jogo, direta ou indiretamente, pois há os que respondem diretamente ao controle do jogador e outros que respondem indiretamente, combatendo ou apoiando o jogador.

≫ A identificação do personagem

A identificação do personagem é muito importante. Você percebeu que a pequena descrição de Darth Vader mostra muito de sua história e como ele se transformou naquele personagem?

Isso também vale para os personagens criados por você. Informações como etnia, origem, idade, profissão e personalidade do personagem são elementos importantes para aproximá-lo dos jogadores ou de seus fãs – não se gosta daquilo que não se conhece.

Para exemplificar essa identificação, escolhemos Blanka, lutador da franquia de jogos *Street Fighter*.

Blanka é um personagem que provavelmente nasceu na Tailândia, em 1966, mas que caiu na selva amazônica, foi criado de forma selvagem e conseguiu desenvolver a capacidade de transmitir eletricidade por seu corpo. Esse personagem apareceu pela primeira vez no jogo em 1991 e apresentou uma caracterização negativa do brasileiro, pois ele é tem uma forma quase monstruosa, pele verde, praticamente não usa roupas e mora em uma floresta. Blanka é um dos personagens mais conhecidos da franquia *Street Fighter*.

O jogo *Street Fighter*, como você viu no primeiro capítulo, é um jogo de luta; logo, os personagens lutam uns contra os outros em um cenário quase fixo, com movimentos limitados. Entretanto, cada personagem tem uma história extensa, que é explicada a cada nova série do jogo, de maneira a fazer o jogador se aproximar (ou não) do personagem. É a história que cria a motivação da ação do personagem, que, por sua vez, cria identificações com os jogadores que os escolhem.

> ≫ **DICA**
> Para desenvolver a atividade a seguir, você pode buscar informações nas páginas oficiais dos jogos, em manuais, em fóruns de discussão ou em outro lugar que traga informações relevantes.

Agora é a sua vez!

1. Faça uma lista com pelo menos cinco personagens de jogos digitais – podem ser heróis, vilões ou outros tipos – que mais lhe marcaram.

2. Construa um quadro com as seguintes informações: personagem, jogo, características principais, motivo de o personagem ser inesquecível para você.

3. Esboce um quadro e o preencha conforme as informações solicitadas. Lembre-se de anotar as características positivas, ou seja, aquelas que o tornam forte, cativante, popular, e também as características negativas. Em seguida, responda o que o torna inesquecível para você: são as características mencionadas? É a forma como o personagem se movimenta no jogo? A maneira como você joga com ele ou o enfrenta? Ou é um pouco de tudo isso?

4. Agora pense em um personagem: pode ser um vilão ou herói. Em seguida, procure fazer uma descrição detalhada de suas características. Utilize as referencias a seguir, mas fique à vontade para incluir outras características.

- Nome do personagem
- pequeno histórico de sua vida (onde nasceu, como adquiriu seus poderes, como se tornou herói ou vilão, etc.)
- características físicas (peso, altura, cor, se é humano ou não, etc.)
- idade
- país/local de origem
- principais poderes
- ponto fraco
- figurino (roupas que provavelmente utiliza e por quê)

O processo de criação do personagem ainda é textual, pois ele faz parte da documentação do jogo, que servirá de parâmetro para a sua finalização, assim como para o desenvolvimento de jogos futuros.

❯❯ Arquétipos de personagens

Você sabe o que é um arquétipo? Ele está relacionado ao estudo da filosofia e da psicologia, e se refere a uma imagem já construída que temos a respeito de uma situação ou de um sujeito. Um exemplo é a afirmação de que "todo brasileiro joga futebol", apesar de sabermos que ela não é verdadeira, os estrangeiros têm essa imagem do Brasil, pois o sucesso do país no futebol e a propaganda feita pelo governo fazem essa imagem ser reforçada e reconhecida como característica principal do brasileiro. No caso dos jogos digitais, existem vários arquétipos; entre eles destacamos os exemplos a seguir.

❯❯ O herói

É o personagem principal do jogo. A ele cabe a responsabilidade de trazer a paz ao lugar em que vive. Porém, para isso, ele precisa enfrentar todos os desafios que são apresentados ao longo de sua jornada. O herói é puro, não prejudica nenhum outro personagem que não esteja envolvido com a trama e procura salvar a todos, independentemente do que ocorra com ele. O herói é quase sobre-humano, pois ele consegue vencer todos os desafios – somente o herói tem essa capacidade, não disponível a nenhum outro personagem do jogo. Um jogo pode ter um ou mais heróis, dependendo do número de jogadores possíveis.

❯❯ O anti-herói

Esse personagem é característico do mundo contemporâneo – não é necessariamente um vilão ou uma pessoa que deva ser combatida, mas alguém que, para alcançar seus objetivos, é capaz de realizar muitas ações reprovadas pelos heróis. Geralmente o anti-herói faz justiça por vingança, por uma questão pessoal, por vaidade ou por vontade de matar; enfim, não tem qualquer vocação altruísta. O herói ajuda pela vontade de ajudar; o anti-herói ajuda quando não há opção, quando ajudar irá beneficiá-lo ou ajudá-lo a vingar determinada situação.

Muitos anti-heróis acabam sendo até mesmo mais populares do que os heróis, sobretudo em produções cinematográficas, desenhos animados, quadrinhos e jogos digitais. Entre eles, podemos citar Wolverine, de *X-Men*; Vegeta, de *Dragon Ball Z*; Homem-Aranha (quando está usando o uniforme simbionte de Venom); Ikki, de *Cavaleiros do Zodíaco*; Sailor Urano, de *Sailor Moon*; Lelouch Lamperouge, de *Code Geass*; Severus Snape, de *Harry Potter*, entre outros.

O sombra

O sombra – ou vilão – é o oposto do herói: é aquele sujeito que nasceu para fazer o contrário do que o herói defende. O vilão faz todo tipo de maldade com as pessoas, tem o objetivo de obter controle total do espaço em que atua, não segue regras ou princípios éticos e não tem qualquer vontade de fazer o bem, ainda que mínimo, àqueles que controla. Não espere que o vilão vá deixá-lo argumentar ou aceitar o convencimento. O vilão tem geralmente dois objetivos principais: vencer o herói e dominar o mundo (seja ele qual for).

Por outro lado, o antagonista do herói pode ser um aliado que discorda das ações do herói e opta por tomar outras atitudes, de forma que ambos entram em uma competição para resolver a história.

A função primordial do sombra é impor desafios ao herói, de modo que este tenha de se fortalecer para vencê-los. O sombra pode ser um reflexo negativo do herói. Em uma história de luta psicológica, o sombra é representado por traumas e culpas do próprio herói.

Assim como o herói, o sombra pode se tornar mais interessante se tiver uma feição humana, ou seja, defeitos ou qualidades que o aproximem do espectador. Além das fraquezas mortais, o sombra pode ter um lado bom ou uma visão que justifique suas ações.

O mentor

Tem a função de ajudar e de formar o herói, ensinando-o sobre sua força e seus pontos fortes e fracos de maneira que ele possa enfrentar o vilão. Mestre Kame, da série Dragon Ball, é um exemplo deste estereótipo. É ele quem treina o herói Goku na sua jornada.

Em geral, o aliado é peça fundamental para o crescimento e o fortalecimento do herói, e sem sua presença, não poderia haver vitória. Samwise Gamgee (Sam), de *O Senhor dos Anéis*, é o aliado inseparável de Frodo Bolseiro, e percorre praticamente toda a saga ao lado de seu inseparável amigo.

O guardião

É aquele que guarda algum objeto de grande valor e que irá enfrentar aquele que tentar obter esse objeto. No jogo *God of War*, por exemplo, encontramos vários guardiões, como o do Templo de Pandora e os das Irmãs do Destino.

» Os capangas

Assim como o vilão, os capangas têm o objetivo de deter o herói, mas são pessoas que agem de acordo com as ordens do vilão. Os capangas são encontrados com frequência nos jogos em que há enfrentamentos entre personagens.

Existem diversos outros arquétipos – a ideia do arquétipo é de um personagem cuja função já está armazenada em sua consciência. Portanto, o trabalho de realizar a construção de personagens provavelmente não será difícil.

» Desenvolvimento dos personagens

Como você viu no Capítulo 3, os personagens serão desenvolvidos de acordo com a história construída. O personagem deve ter relação direta com a história, envolver-se com ela, resolver problemas (ou criá-los) dentro do contexto da narrativa do jogo.

Vejamos, por exemplo, os personagens duendes do jogo arcade *Golden Axe*, famoso na década de 1990. Esses duendes verdes e azuis aparecem ao longo do jogo, e os heróis precisam chutá-los para obter poderes ou alimentos. Eles também roubam poderes dos heróis, de modo que os heróis precisem recuperá-los. Esses personagens não têm outra função além dessa, mas observe que, no contexto do jogo, eles são fundamentais para garantir o aumento da força dos heróis (ou anti-heróis, considerando suas atitudes com esses duendes).

A seguir, veja os elementos essenciais para a construção dos personagens.

» Relação com a narrativa

Como já discutimos anteriormente, os personagens devem funcionar de acordo com a narrativa do jogo. Portanto, seria estranho encontrar um personagem futurista em um jogo que se passa no período medieval.

> **» ATENÇÃO**
> Independentemente dos arquétipos, cada personagem precisa ter seu lugar na trama, ou seja, precisa ser pensado para ocupar um espaço e realizar alguma tarefa, por mais simples que seja.

Ponto de vista

Trata-se do ponto de vista do personagem. Se for em primeira pessoa, a visão será apenas das mãos ou do armamento ou similares, uma vez que a ideia é simular que o personagem é o próprio jogador. Se for em terceira pessoa, o personagem aparece com suas feições e figurinos completos. O jogo em terceira pessoa pode ter a movimentação do personagem de forma linear, bidimensional ou em profundidade, de forma tridimensional.

Diálogos

Na narrativa, as formas de diálogo já são previamente elaboradas. O jogo terá alguma narração externa, de maneira a contar a história ao jogador? É o próprio personagem que faz a narração? Ou são outros personagens dentro do jogo?

Os diálogos permitem que o jogador avance no jogo? São transmitidas emoções nos diálogos que fazem o jogador ou seu personagem interagir diretamente a partir delas?

Toda e qualquer caracterização da forma como se darão os diálogos precisa ser documentada nesta seção, pois isso dará orientações e direcionamentos para a criação dos personagens.

Movimento dos personagens

A maneira como os personagens se movimentam também é importante para sua construção. Existem movimentos baseados na simulação de personagens reais, como é o caso de jogos de esportes coletivos que licenciam jogadores reais. Além disso, jogos fictícios também utilizam essas estratégias: *Mortal Kombat* talvez tenha sido um dos primeiros a usar esse recurso.

Existe ainda a criação de movimento baseada na caracterização do personagem, que pode se aproximar da realidade, se o jogo também fizer isso, ou pode ser completamente criativa, caso ele seja baseado na ficção.

História e evolução dos personagens

No decorrer da história, os personagens recebem novos poderes, evoluem, aumentam suas capacidades de batalha? Isso ocorre de forma linear, ou seja, a cada nova fase o herói fica mais forte, ou a força é provisória e, ao perder uma vida, ele volta à situação inicial?

O Jogo *Super Mario Bros.*, por exemplo, adapta-se à segunda situação. O herói pode acumular dois níveis de poderes: no primeiro, ele fica maior e pode ser tocado pelos capangas uma vez sem morrer. No segundo nível, ele obtém o poder do fogo, mas só pode ser tocado uma vez, como no nível anterior.

Já no jogo *Justice League* (Liga da Justiça), lançado para PlayStation 2, a cada nova fase o personagem (Batman, Flash, Lanterna Verde, Super-Homem, Mulher Maravilha, etc.) obtém novos poderes e fica cada vez mais forte, independentemente de ser morto no meio do caminho.

» Documentação dos personagens

A documentação da história e da evolução dos personagens deve ser bem completa e apresentar suas principais características. Veja abaixo alguns elementos fundamentais para a construção das características dos personagens:

- Raça/Tipo
- Habilidades por nível (para cada novo nível, apresentar as características específicas)
- Grupo ao qual pertence
- Relacionamentos que possui
- Pontos fracos
- Pontos fortes
- Poderes especiais (também podem ser descritos por níveis de força do personagem)

Você já viu diversos elementos necessários para a construção dos personagens. Vamos apresentar agora uma síntese do que precisa ser efetivamente documentado e registrado a respeito da criação dos personagens. Assim como nas documentações que você tem realizado, tudo aquilo que for dito sobre o personagem precisa ficar registrado de maneira organizada, para que possa ser consultado e testado ao longo da criação do game. Lembre-se do que temos dito desde o início deste curso: a falta de documentação faz com que a probabilidade de o jogo não ser desenvolvido seja de quase 100%, uma vez que ela impede seu desenvolvimento e sua evolução.

Ao construir essa documentação, é importante que você pense nos personagens como se eles fossem reais, pois assim ficará mais fácil de pensar em situações, conflitos, desejos e outros sentimentos humanos que terão impactos nas ações dos personagens. Veja a seguir a síntese para o desenvolvimento do personagem:

Resumo da vida do personagem (um ou dois parágrafos): Nesse resumo, apresente os principais acontecimentos da vida do personagem e como se dá sua origem, seja ele herói ou vilão. (É algum acontecimento extraterrestre? Alguma violência sofrida por sua família?)

Raça/tipo: Humana? Extraterrestre? De qual lugar?

Arquétipo: Herói ou vilão?

Identidade: Nome que utiliza no jogo e identidade secreta (nome que utiliza quando não está participando da ação).

Grupo ao qual pertence: Especifique se pertence a alguma organização de heróis ou bandidos e a relação destes com os demais grupos no jogo.

Relacionamentos que possui: Quem ele conhece, como conheceu, que relação foi estabelecida (amigo, inimigo, etc.) e como esses relacionamentos se movimentam dentro da história.

Características físicas: Idade (data exata de nascimento), altura, peso, cor da pele e dos cabelos, principais movimentos, principais frases, figurino (o que ele veste), golpes, do que ele gosta, do que não gosta e outras características pertintentes.

Níveis: Descreva cada nível de poder do personagem. Nesta descrição deve-se apresentar o que ele ganha e o que perde com a subida de nível. Apresente também as formas como ele pode perder os poderes. Reveja a Seção "História e evolução dos personagens", na página 77.

Movimento dos personagens: Descreva com detalhes a maneira como o personagem se movimenta, seus tiques, se há algum movimento que lhe é próprio, se os movimentos são repetitivos ou se eles têm variáveis, se o movimento possui relação direta com os poderes e os níveis (por exemplo, o personagem é mais lento, mas seu poder é maior ou fere o oponente).

Característica da comunicação: Descreva de forma detalhada a maneira como o personagem se comunica (pode ser que ele não se comunique; nesse caso, descreva se a comunicação se dá por uma narrativa externa, por exemplo). Mostre o nível da voz, o timbre, se há algum trejeito, se há alguma particularidade na voz (fala baixo, grave, alto, cantado, devagar, etc.). Tudo aquilo que ajudar a compor o personagem no que diz respeito à sua comunicação dentro do jogo.

Pontos fortes: No que o personagem é melhor?

Pontos fracos: No que o personagem é pior?

>> Agora é a sua vez!

Agora é a hora de descrever detalhadamente cada personagem do seu jogo. Para isso, utilize a síntese para o desenvolvimento de personagens recém-analisada.

capítulo 5

Elementos necessários para a criação de games

Neste capítulo, reunimos todos os fundamentos para o desenvolvimento de games, retomando alguns dos conceitos já discutidos neste livro e introduzindo outros. Nosso intuito é apresentar ao leitor todos os elementos necessários para a criação de um jogo, desde a concepção da ideia até a definição do tipo de plataforma que irá rodá-lo.

Objetivos deste capítulo

» Apresentar os elementos necessários para o desenvolvimento de jogos digitais.

» Identificar o que envolve a concepção de uma ideia para um game.

» Descrever os princípios da arte conceitual no jogo, tanto os relacionados com a mecânica quanto aqueles associados ao espaço ou ao cenário do jogo

» Identificar as principais características do design de interface centrado no jogador

» Introdução

Aquilo que chamamos de desenvolvimento, ou design, de games neste livro envolve os processos de construção e elaboração do jogo, tanto do ponto de vista do desenvolvedor quanto dos outros profissionais envolvidos na criação de um jogo.

Além da constituição dos personagens, existem outros elementos do design de games importantes para a criação de um jogo. É possível que algum desses elementos não seja incorporado ao seu jogo; entretanto, é fundamental que todos eles sejam discutidos pela equipe de produção. Conforme falamos anteriormente e relembramos agora, o planejamento no jogo é muito importante, pois uma mudança drástica nos rumos de sua criação pode significar o encerramento de um projeto ou um grande atraso.

De acordo com Schell (2008), "Game design é o ato de decidir como um jogo deve ser [...]". Schell (2008) diz ainda que isso envolve uma série de tomadas de decisões relativas a todos os elementos do jogo.

É importante que você se veja como um membro participante de uma equipe de desenvolvimento de games, pois a complexidade desse desenvolvimento envolve um trabalho colaborativo, em equipe, que fará os diferentes profissionais conhecerem diversos campos de uma produção, ultrapassando uma concepção de trabalho individual e fragmentado, na qual cada um se envolve apenas com as atividades que lhe foram atribuídas.

Considerando essa perspectiva, vamos agora apresentar uma documentação organizadora dos principais elementos que precisam ser planejados na elaboração do seu jogo.

» Gerenciando o desenvolvimento de jogos digitais

O livro *Manual de produção de jogos digitais*, de Chandler (2012), (Fig. 5.1), é interessante, pois apresenta ao leitor uma dimensão do produtor de games. Ele discute bastante o aspecto da administração e organização dos trabalhos dentro de uma equipe produtora de games. A autora foi produtora de games por mais de uma década e apresenta orientações importantes para quem trabalha ou deseja trabalhar com a gestão e administração de equipes de produção de jogos digitais.

Figura 5.1
Fonte: Chandler (2012).

Neste livro, a autora defende que a **criatividade** é o motor da produção de jogos, assim como o são a **capacidade de inovação** e o **conhecimento da área**; entretanto, a falta de organização pode fazer excelentes ideias nunca deixarem o papel. Isso também pode gerar atrasos, desconforto com as equipes e abandono dos jogadores, que geralmente ficam ansiosos e impacientes com a espera de algum lançamento.

Isso sem contar que a ideia pode acabar não sendo mais tão inovadora, pois o atraso no lançamento pode representar a perda da corrida pela apresentação de um produto com maior probabilidade de fisgar o público gamer.

Portanto, **seja criativo, mas também seja organizado**. É importante salientar que organização não está diretamente relacionada ao desenvolvimento de um trabalho linear e rotineiro, mas a cumprir tarefas e atividades, além de atender as demandas impostas pelo trabalho.

Equipes de desenvolvimento de grandes empresas, como Google e Facebook, são extremamente informais quanto aos horários de trabalho e as roupas que seus funcionários vestem. Entretanto, trabalham com prazos muito exíguos e criam condições para que o trabalho seja cobrado de uma forma não convencional e que o produto se valorize mais do que o tempo de dedicação.

Isso significa que um produto de qualidade, que atenda à empresa e traga retornos financeiros é bem-vindo no mundo dos games, e ele geralmente é construído com trabalho duro, e costuma envolver muito mais horas de trabalho nas situações mais críticas do que um trabalho convencional.

Para iniciarmos nossa discussão sobre o design de jogos, é importante refletir:

- Você gosta de jogos digitais?
- Você joga jogos digitais?
- Você gosta da cultura do entretenimento, ou seja, produções de filmes, músicas, séries de TV, desenhos e livros?

Se sua resposta foi positiva às três perguntas, você está no caminho certo para se tornar um profissional da área de games.

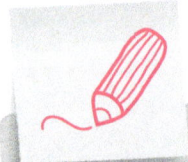

>> Agora é a sua vez!

1. De forma individual, faça um levantamento de dados a respeito da quantidade de pessoas que jogam jogos digitais entre seus amigos em sua rede social (Facebook, Orkut, Twitter, etc.).

2. Apresente o questionário para pessoas de todas as idades, homens, mulheres e crianças.

3. Depois de realizada a pesquisa, compare os dados que você coletou com os de seus colegas.

4. Discuta os resultados e analise as potencialidades de consumo de games pela comunidade em que a pesquisa foi realizada. Ao juntar os dados de todos os alunos, será possível traçar um perfil de diversas pessoas que jogam (ou não), além dos tipos de jogos de que mais gostam.

5. Questionário:
   a) Qual é a sua idade?
   b) Você joga ou já jogou um jogo digital (videogames, jogos para celulares, minigames, jogos para computadores, etc.)?
   c) Que jogos?
   d) Atualmente você joga algum? Por quê?
   e) Caso não jogue, você se veria jogando em algum momento em que não estivesse fazendo "nada" (como esperando o ônibus ou uma consulta médica, na fila do banco, etc.)?

6. Com esses dados em mãos, trace um perfil dos jogadores:
   a) Quantas pessoas jogam?
   b) Quantas não jogam?
   c) Daquelas que jogam, quais os gêneros mais comuns? (Volte ao Capítulo 2 para organizar os gêneros.)

A pergunta 5.e é muito importante, pois mesmo que as pessoas falem que não jogam ou que não gostam de jogar, se elas responderem positivamente a esta questão, há um grande indicativo de que elas joguem nos momentos indicados. Uma pesquisa publicada pela BBC News (2010) demonstra que a maioria dos ingleses joga algum tipo de jogo, e que grande parte dos adultos gosta dos jogos casuais, ou seja, aqueles de curta duração, geralmente usados em momentos de ócio gerado pela espera de um serviço.

Agora é a sua vez!

Essa tarefa será importante, pois será possível entender as perspectivas com que as pessoas normais veem o jogo. É uma pequena pesquisa de mercado, bem simples, para você ter um parâmetro, saber como a sua comunidade se relaciona com os games. Não é uma pesquisa científica, mas o ajudará nas leituras futuras.

Elementos necessários para a criação de jogos digitais

Podemos compreender o design de games como um processo complexo, que permite a visualização de todo o conjunto do trabalho a ser desenvolvido pela equipe de produção de jogos. Desenvolver um jogo envolve, basicamente:

- a ideia;
- a história que motiva o jogo;
- a constituição dos personagens;
- as semelhanças entre a realidade e a ficção;
- o estabelecimento de regras;
- os níveis e a linearidade da história;
- a imaginação;
- a definição do tipo de plataforma que irá rodar o jogo.

» A ideia

Como já dissemos, a criatividade é fundamental no trabalho com jogos digitais. É necessário que um jogo prenda a atenção do jogador, que desperte seu interesse em continuar jogando aquela história.

Nem sempre uma ideia é muito complexa. Lembre-se de que seu trabalho será realizado em equipe; logo, haverá um número considerável de pessoas trabalhando para materializar o jogo imaginado por alguém. Grandes ideias são razoavelmente simples – imagine, por exemplo, o clássico jogo *Super Mario Bros.*, lançado pela Nintendo na década de 1980. Tratava-se de um jogo no qual os irmãos encanadores, para salvar uma princesa raptada, andavam por um mundo fantasioso, entravam e saíam de canos, cresciam e podiam lançar fogo para se defender de inimigos aparentemente "fofinhos", como o Koopa Troopa ou o Goomba.

Era uma ideia simples, mas que até então não havia sido considerada, pois a maioria dos jogos seguia os modelos dos jogos da Atari, com poucos cenários e baixa qualidade gráfica. *Super Mario Bros.* tornou-se um dos jogos mais famosos de todo o mundo.

Como você pode perceber, o que um bom jogo deve apresentar é uma proposta **inovadora**.

Veja a seguir alguns exemplos de jogos.

Anno 2070, da Ubisoft

Lançado em 2011, esse jogo retoma questões muito frequentes nos noticiários dos últimos anos: a importância do meio ambiente e o aquecimento global. No futuro imaginado pelos produtores do jogo, o derretimento da calota polar acaba com a maior parte das terras habitáveis no planeta no ano de 2070. Cabe ao jogador construir uma civilização e garantir sua sobrevivência.

Entretanto, o mundo é dividido em três clãs, dois dos quais são jogáveis: um é vinculado aos capitalistas e privilegia a produção, o outro é vinculado aos ambientalistas. O terceiro não é jogável e engloba os tecnológicos, que intervêm nos dois clãs. A plataforma desse jogo é o computador pessoal (PC), e ele é um jogo de estratégia, ao estilo de *SimCity* e *Civilization*.

Observe que nenhuma das ideias presentes no jogo é inovadora, no sentido de não ter sido imaginada até então. Entretanto, poucos jogos exploram o tema da preservação ambiental ou da preservação da vida em um futuro com escassez de recursos naturais. Há uma dimensão de formação do jogador, ao jogar esse jogo, pois ele sempre direciona para uma ideia de que existem reações da natureza para as ações sem cuidado tomadas pelos homens.

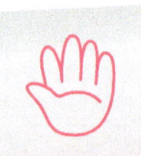

» ATENÇÃO

Inovação está relacionada à capacidade do jogo de trazer novos desafios ao jogador. Contudo, não é necessário reinventar a roda todos os dias, nem criar uma ideia que nunca tenha sido criada.

Figura 5.2   Imagens do jogo *Anno 2070*.

Contudo, não é só a temática do meio ambiente que dá sustentação ao jogo *Anno 2070*, mas também a qualidade gráfica, a jogabilidade, a complexidade dos elementos que aparecem no jogo, o balanceamento do jogo, ou seja, ele é difícil suficiente para manter o jogador fiel, mas fácil o suficiente para que o jogador consiga explorá-lo.

The Walking Dead

O jogo lançado em 2012 pela Telltale Games, dividido em cinco episódios, é baseado em uma série de quadrinhos homônima, cujo sucesso promoveu seu lançamento como série de TV. No jogo, há uma história paralela aos quadrinhos e à série de TV. O jogo possui gráficos simples, sem muitos efeitos especiais ou grandes movimentos de ação. O cenário todo parece desenhado para revistas em quadrinhos, e a qualidade gráfica lembra a de jogos do início dos anos 2000.

Figura 5.3   Cena do jogo *The Walking Dead*.

Entretanto, o jogo faz um sucesso razoável, porque ele mantém a trama que envolve a história, ou seja, baseia-se na fórmula de sucesso já testada na TV e nos quadrinhos. Devemos chamar a atenção, inclusive, para o fato de que ele tem muito mais diálogos do que se poderia esperar de um jogo, mas o clima de suspense e curiosidade pelo universo criado em torno do aparecimento dos zumbis faz com que o ambiente do jogo se misture com a linguagem do cinema, e as imagens (pelo menos em seu formato e movimento), da revista em quadrinhos.

The World's Hardest Game (O jogo mais difícil do mundo)

Esse jogo é de uma simplicidade incrível, pois o jogador move um quadrado e deve pegar bolas amarelas e se mover por entre bolas azuis em movimentos diversos. São ao todo 30 fases na versão 1, e 50 na versão 2. O jogo lembra muito as produções da década de 1980, envolve raciocínio e velocidade, e realmente é muito difícil. Mas o que move o jogador? A própria dificuldade, a simplicidade das tarefas e uma música cativante. A música, nesse caso, é um dos grandes trunfos do jogo, pois ela é inovadora, dá uma sensação de movimento ainda maior e promove o balanceamento, pois sugere que ele é menos difícil do que parece (o que faz o jogador passar horas dentro do jogo).

Como você pode perceber, a ideia para um jogo e a fórmula de seu sucesso envolvem parâmetros que nem sempre podem ser medidos. Para ser desenvolvida, a ideia envolve criatividade significativa, pois um jogo apresenta experiências diferentes aos jogadores. Essas experiências podem significar uma forma completamente nova de jogar um jogo, a constituição de histórias inovadoras ou a construção de jogos que exploram temas conhecidos, mas que trazem estratégias e estruturas que prendem a atenção do jogador e o fazem ter interesse em permanecer no jogo.

Como falamos no início deste capítulo, a formação para a produção de games começa bem antes da entrada do aluno em um curso específico – ela se dá pela pró-

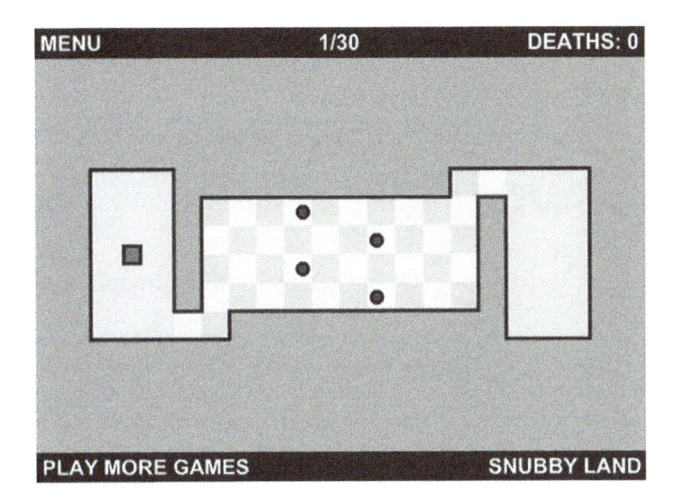

Figura 5.4   Cena do jogo *The World's Hardest Game*.

pria experiência que o jogador tem com a cultura contemporânea, e é resultado das experiências positivas e negativas relacionadas a produções midiáticas.

A criatividade envolve pensar em uma ideia ainda não explorada para um jogo, que pode ser simples, como as que originam um jogo como *Pac-Man* ou complexas, como o jogo *Mass Effects*, um jogo no estilo RPG que permite a escolha de diversos caminhos, além de possibilitar que o jogador leve suas experiências de jogos anteriores para as novas versões, em uma estratégia de complexificação das partidas.

Pensar na ideia de um jogo envolve, portanto, a dedicação de certo tempo a uma proposta de jogo – a atividade que segue deve ajudá-lo a começar a planejar e construir seu jogo ao longo deste livro.

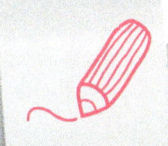

Agora é a sua vez!

A primeira tarefa para a criação de qualquer jogo envolve um reconhecimento daquilo que existe e do que não existe (ou que você ainda não conheça).

1. Faça um levantamento dos principais jogos que você joga. Liste pelo menos 5 títulos.
2. Organize os jogos por gênero (tiro, estratégia, etc.) e faça uma breve descrição, de no máximo sete linhas, da principal história do jogo.

(continua)

» Agora é a sua vez! *(continuação)*

3. Crie uma tabela com o nome do jogo, seu gênero e uma coluna contendo a descrição (sinopse) do jogo.

4. Faça um levantamento dos jogos que você considera mais inovadores, seja por terem uma história diferente interessante, ou uma estrutura de jogo diferente, ou a presença de personagens marcantes, ou pela forma de jogar.

5. Após ter feito o levantamento pedido na última questão, escolha dois jogos do mesmo gênero e procure fazer uma comparação entre eles, de maneira a compreender o que é parecido e o que é diferente nesses jogos. Utilize os itens abaixo.

- Jogo
- Ano
- Elementos parecidos
- Elementos diferentes

Essa atividade é importante para que você perceba que não se trata de plágio ou cópia, mas da presença de uma estrutura de construção de jogos digitais que precisa ser compreendida, até mesmo para sua próxima criação fazer o máximo de sucesso.

Queremos mostrar com isso que existem semelhanças entre jogos, por mais invisíveis que pareçam. Por exemplo, jogos como *Batman: Arkham City* e *Wolverine* são jogos de ação em terceira pessoa, compostos por fases, com a presença de vilões, chefes de fases e dezenas de cenários. Aparentemente esses jogos procuram se valer mais do sucesso de seus personagens nos cinemas e quadrinhos, já que muitas de suas características são "emprestadas" das telonas – o que não significa que ambos os jogos incorrem em erros críticos que prejudicam sua performance de vendas.

Observe, por exemplo, situações semelhantes no campo da produção de filmes americanos ou comédias brasileiras – você vai perceber que, apesar de muitas histórias serem distintas, a estrutura que rege o vídeo é semelhante em diversos filmes. Provavelmente você já se viu, depois de poucos minutos, descobrindo o final do filme, quais são os personagens que sofrem algum problema ou quais são os vilões.

Você verá situações semelhantes em músicas – como determinadas épocas se caracterizam por certos estilos musicais, rock, sertanejo, pop, dance, etc. Basta um determinado grupo, banda ou cantor/a se destacar com um ritmo para que muitos outros apareçam com sonoridades semelhantes.

O que queremos mostrar, portanto, é que a criatividade em um mundo que replica ideias à exaustão é difícil, mas extremamente necessária, pois pode definir um jogo como divisor de águas na produção e no consumo.

> Agora é a sua vez!

Desenvolva a ideia de seu próximo jogo. Para isso, use a imaginação e a criatividade. Você poderá fazer referências a jogos já conhecidos. A ideia do jogo consistirá nos seguintes elementos:

1. **Qual é a história principal?** (Por exemplo, bandidos fogem de cadeia em uma cidade violenta.)

2. **O que isso gera?** (Por exemplo, o herói justiceiro sai em busca dos bandidos, pois eles raptaram sua namorada.)

3. **Como se desenrola a história?** (É um jogo de fases, é um jogo de tiro, é um jogo de luta, o herói precisa vencer corridas perigosas, ou precisa fazer coisas inusitadas – como ganhar partidas de basquete de rua.)

4. **Como você vê o final?** (Essa ideia está relacionada à anterior: é possível matar o chefe, lutar com o mestre final, vencer e destruir o carro do bandido em uma corrida, etc.)

O objetivo é que você aprenda a planejar e a criar ideias sobre jogos digitais. Fique à vontade para criar quantas ideias de jogos desejar – quanto mais, melhor, pois assim você pode estabelecer comparações, ver quais gêneros são melhores ou piores para conduzir sua ideia e estabelecer comparações com as ideias de seus colegas.

>> Gênero do jogo

Conforme você viu no Capítulo 2, o gênero do jogo mostra o tipo de partida que poderá ser realizada pelo jogador. A definição do gênero é fundamental, pois dele são originados todos os demais elementos.

É o gênero que define a quantidade de personagens, seus movimentos, a história, as possibilidades online e uma série de outras características dos jogos. Isso não significa que você não trabalhará nas outras etapas antes de definir o gênero, mas o que estamos dizendo é que o gênero é importante para a definição dessas etapas.

A partir da definição do gênero, torna-se mais fácil desenvolver a narrativa e o enredo do jogo, bem como elaborar o roteiro que servirá de referência para o desenvolvimento de sua programação. Por exemplo, se o jogo é de luta, a história do personagem é secundária, pois ela é pano de fundo para a motivação do lutador;

já em um jogo de estratégia, conhecer de forma mais profunda os personagens pode ser fundamental para tomar decisões dentro da partida ou escolher os caminhos menos tortuosos para se chegar ao final do jogo.

» Possibilidades online

Não é mais possível pensar em um jogo que não tenha conexão com a Internet. A interatividade é fundamental nas práticas de jogos contemporâneos. Logo, independentemente da plataforma, o jogo deverá contar com ações online e interativas.

No entanto, além de jogos com uma simples conexão com a Internet, também vemos emergir os jogos online multijogador em massa (MMO – Massively Multiplayer Online Games). Esse tipo de jogo hospeda milhares ou milhões de jogadores que interagem no mundo do jogo que funciona exclusivamente pela Internet.

Esses jogos ficam hospedados em servidores web e são acessados 24 horas, pois cada jogador tem liberdade para jogar quando quiser. Jogos desse tipo em geral sobrevivem com a cobrança de mensalidades ou de taxas para interagir ou comprar elementos não presentes nas contas gratuitas.

Porém o principal desafio ao desenvolver um jogo nesse formato é planejar o quanto ele irá crescer e qual o impacto disso no processo de oferta de servidores suficientes para garantir o acesso dos clientes ao jogo.

Logo, em jogos que funcionam exclusivamente online, além das questões que já são pertinentes à elaboração do jogo, é preciso um cuidado gigantesco quanto às suas condições técnicas de oferta, pois uma falha, por menor que seja, pode significar o abandono dos jogadores.

» Progressão ou fluxo do jogo

Nesta etapa é preciso decidir como será o desenvolvimento do jogo no que diz respeito à sua progressão, ao tempo de duração e ao encaminhamento das ações. Você leu no primeiro capítulo sobre a importância do tempo e do espaço para o jogo. Nesta etapa você deve pensar sobre de que forma se dará a passagem do tempo, tanto para o personagem quanto para o jogador.

A primeira questão que você deve ter em mente é: existe o conceito de passagem do tempo no jogo? Esse conceito é muito importante, porque irá definir se haverá um tempo linear, ou seja, passado, presente e futuro, ou se esses tempos se misturam. Existe dia e noite no jogo? Como se dá essa passagem? É por meio da transição natural ou o jogador escolhe?

Além disso, o conceito de passagem de tempo também ajuda a definir como se dá a ação dentro do jogo: existe um tempo delimitado para o jogador avançar pelas fases? Ou esse tempo é ilimitado? Quando o tempo é delimitado, a tensão no jogo aumenta, pois o jogador é levado a jogar cada vez mais rápido, para que não fique preso no jogo ou perca seus personagens.

Quanto tempo em média um jogador passará dentro do jogo?

Jogos para **smartphones e celulares** em geral são casuais, ou seja, o jogador joga em momentos de folga ou de espera; logo, esses jogos têm tempos menores de ação.

Já **jogos portáteis baseados em consoles**, como o PS Vita e o GameBoy, têm como principal função levar os jogos dos consoles clássicos para a portabilidade, ou seja, podem seguir as regras dos consoles e ser mais elaborados, complexos e demorados.

Jogos de computador e console, por sua vez, são os mais complexos em termos de tempo de jogo. A maioria dos jogos de estratégia estão baseados nessas plataformas, pois eles demandam do jogador diversas tomadas de decisões; exemplos são: *Civilization*, *Anno 2070* e *The Sims*. Observe que o tempo de um jogo de computador pode ser demorado, mas em geral explora-se mais as potencialidades da ação dentro do jogo, do movimento dos protagonistas, etc.

Ainda sobre o tempo de duração, é importante lembrar que um jogo casual pode ter tempos curtos de partida, mas ser cativante e prender o jogador por tempos maiores, uma vez que o jogo prevê um número considerável de fases, com níveis de complexidade maiores. Há vários jogos nessa categoria, os principais são ofertados para smartphones, celulares e tablets, como *Angry Birds*, *Plants Vs. Zombies*, *Tetris*, etc.

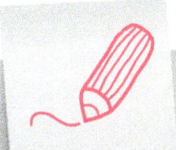

Agora é a sua vez!

Vamos voltar ao Capítulo 1. Você deverá rever os conceitos de tempo no jogo, ou seja, como ele prende o jogador dentro de sua estrutura. Ainda que uma partida seja rápida, o jogo precisa trazer diferentes níveis para prender o jogador dentro dele. A partir dessa revisão, vamos trabalhar com a reflexão sobre o tempo do jogo e como seus personagens se envolvem nessa dimensão temporal. Faça uma documentação sobre o tempo do jogo, a partir das narrativas e dos personagens que você já construiu.

» Tensão do jogo

É a capacidade de construir situações de imprevisibilidade no jogo. Não confunda essa tensão com a tensão de jogos de terror ou suspense.

A tensão do jogo consiste em deixar o jogador preocupado em resolver uma determinada situação no jogo. Pode ser, por exemplo, lançar uma bolsa dentro do aro em alguns segundos ou libertar um refém debaixo d'água.

A tensão cria situações que prendem o jogador e o levam a buscar a próxima etapa do jogo, pois ele deseja saber o que irá acontecer.

» Arte gráfica

Mesmo estando na fase do projeto, é preciso definir ou planejar o nível de qualidade gráfica do jogo. Isso permite à equipe produtora do jogo definir se o perfil desse jogo se enquadra mais em plataformas móveis e mais simples, ou em plataformas fixas (consoles) e mais complexas.

Hoje há uma produção significativa de jogos com qualidade gráfica inferior, mas que podem ser jogados em plataformas online, especialmente em tablets ou navegadores baseados em computação em nuvem (*Cloud Computing*), como o Google Chrome. Esses navegadores simulam sistemas operacionais, ou seja, em vez de os aplicativos/softwares serem instalados no computador físico, são instalados no navegador web e funcionam quando há acesso à Internet.

Observe, portanto, que há um caminho completamente aberto para a produção de jogos com uma qualidade gráfica compatível com a transmissão de dados pela Internet, que, no Brasil, é significativamente inferior a outros países, como Coreia do Sul ou Estados Unidos. No entanto, por se tratar de um caminho aparentemente mais simples, em função do grau de complexidade dos jogos, existe um nível de concorrência alto, pois há milhares de pessoas criando jogos para plataformas móveis ou navegadores em nuvem.

Isso significa que seu produto precisa se destacar dentro da multidão. Mas também significa que os próximos jogos precisam ter características semelhantes de destaque; caso contrário, há grandes chances de o sucesso não durar muito em um universo tão competitivo.

Princípios da arte conceitual no jogo

A arte conceitual dos personagens e dos espaços do jogo é muito importante, pois ela ajuda a definir seu grau de inovação. Personagens com movimentos e feições semelhantes a outros jogos passam a sensação de que aquele jogo é uma cópia desprovida de criatividade. Segundo Chandler (2012), a arte conceitual mostra a aparência dos elementos visuais do jogo antes de qualquer recurso artístico ser produzido.

A menos que um jogo seja uma paródia ou brincadeira com outro já existente – ou uma continuação – é necessário que os criadores de um jogo construam referências novas. Se houver referências de outros jogos naquele criado por você, dificilmente o seu jogo será lembrado, em contraste com aquele que apresentou primeiro o mecanismo de movimentos ou o roteiro da história, etc.

Isso não significa construir um sistema completamente novo a cada jogo. A arte conceitual, na verdade, é importante para deixar a marca do jogo na cabeça dos jogadores; é uma forma de torná-lo uma experiência única. A arte conceitual tem se tornado cada vez mais importante em função da ampliação das possibilidades de produção de imagens em alta resolução, devido ao desenvolvimento de tecnologias gráficas.

Mecânica do jogo

A mecânica do jogo, conforme aponta Chandler (2012), abrange as ações que o jogador executa dentro do jogo. Entre esses elementos, pode-se destacar:

• Desafios para o jogador, ou como são preparadas as passagens de níveis – deve-se vencer os chefes, localizar objetos, etc.;
• Recompensas – extremamente importante para o engajamento do jogador: o que o jogador ganha ao vencer os desafios apresentados no jogo? Podem ser armas, vidas, força, energia, etc.;
• Curva de aprendizado – definição dos tempos de aprendizagem dos fundamentos do jogo pelo jogador para ter uma experiência divertida;
• Esquema de controle – forma como o jogador utilizará o controlador, o teclado ou o próprio corpo;
• Ações do jogador – o personagem controlado corre, salta, lança feitiços, pula, etc.;
• Elementos multijogador – número de jogadores permitidos e a forma como eles interagem, etc.

» Espaço ou cenário do jogo

Retomando o que já vimos no Capítulo 1, o espaço do jogo compreende o cenário no qual a história se desenrola e qualquer outro elemento que faça parte do universo do jogo. Ao trabalhar essa questão, o desenvolvedor deverá prever os seguintes componentes do jogo.

Ambiente físico do jogo: Qual é o espaço do jogo, quais objetos e construções fazem parte dele e como os personagens se adaptam ou interagem com esse espaço.

Perspectiva: É outro elemento importante, que determina a maneira como os objetos serão visualizados. A perspectiva bidimensional, chamada de 2D, geralmente funciona de forma linear: o personagem vai se movimentando para um lado da tela e o cenário se movimenta junto com ele. Já na perspectiva tridimensional, chamada de 3D, o personagem pode se movimentar em um ângulo de 360° pelo cenário, ou seja, frente, trás, cima, baixo, para os lados.

Escala: Consiste na relação entre o tamanho dos personagens e o tamanho do cenário. É possível que um jogo traga uma escala desproporcional (personagens com cabeça maior do que o tronco, ou objetos e construções desproporcionais em relação ao personagem). Os jogos atuais têm trabalhado com a perspectiva de manter uma proporção entre o cenário e os personagens, principalmente porque há certo grau de realismo que cada vez mais se torna a regra dos jogos digitais.

Temática do cenário: É ela que vai definir se os objetos serão baseados em elementos da realidade ou não. Por exemplo, se o cenário fizer parte da ficção científica, então será possível desenvolver objetos que não existem na vida cotidiana.

Limites: Aqui é preciso pensar qual é o limite do cenário. Onde ele começa e termina? Quanto maior o cenário, mais complexo ele será, pois é necessário construir objetos para fazer sua composição. Ultimamente os jogos de console e de computador têm utilizado cada vez menos a estratégia de repetição de cenários, muito comum nos jogos dos anos 1980 e 1990. Isso ocorre por causa da qualidade gráfica avançada e porque os jogadores têm demandado cada vez mais gráficos e cenários mais elaborados.

Estruturas, terrenos, objetos e estilo: Estes elementos estão relacionados aos anteriores. O estilo ajuda a definir a forma como a arte será utilizada para a construção dos objetos, dos terrenos e das estruturas do jogo. Um jogo em estilo mangá, por exemplo, deverá ter todos os objetos construídos nesse formato.

Agora é a sua vez!

1. A partir da descrição já iniciada do jogo, analise a que plataforma a proposta de seu jogo mais se adequaria. Para ajudá-lo nesta tarefa, desenvolvemos as características a seguir.

    - Gênero do jogo
    - Princípios da arte
    - Conexão com a Internet
    - Qualidade gráfica
    - Tensão no jogo
    - Tempo de duração

2. A partir da atividade anterior, faça uma descrição passo a passo da construção da ideia do jogo.

3. Construa a documentação que servirá de referência para o desenvolvimento do jogo.

Design de interface centrada no jogador

A interface do jogo é a relação estabelecida entre o jogador e o jogo. É o elemento que intermedia a realização do jogo, permitindo que ele, de fato, seja jogado. Ela pode ocorrer, por exemplo, por meio da tela do televisor ou do computador e, ao mesmo tempo, por meio dos controles físicos ou, como tem se tornado cada vez mais comum, pelo movimento do jogador.

A interface precisa garantir que as escolhas do jogador possam ser realizadas de maneira simples, que não interrompa a atividade de jogar.

Por exemplo, a realização de um golpe em um jogo de luta pode até envolver muitos movimentos e botões, mas se esses movimentos não forem planejados de maneira que o jogador possa apertar diversos botões com facilidade, há um prejuízo para a atividade de jogar. Imagine, por exemplo, determinado golpe que faça o jogador utilizar duas mãos ou movimentar os dedos de uma das mãos de uma forma muito complexa, que exija que ele deixe a imersão do jogo para parar e pensar na forma como vai realizar a atividade.

> **» ATENÇÃO**
> Uma boa interface precisa ser funcional, ou seja, possuir finalidades básicas que sejam realizáveis.

É nesse aspecto que o design de interface envolve mais trabalho de engenharia e de pragmatismo do que de arte, ou seja, as coisas devem funcionar bem. Não basta um movimento belo e inovador se ele não pode ser realizado pelo jogador. É preciso que haja um equilíbrio entre a arte e a interface.

Outro aspecto importante no design de interface diz respeito a como o jogador irá gravar seu jogo.

A opção de salvamento até poderia ser um elemento de discussão em relação a sua presença ou ausência; entretanto, nos jogos atuais, em função de sua complexidade e do tempo cada vez maior que o jogador dedica a eles, torna-se quase impossível não haver uma opção de salvamento, pois os jogadores costumam voltar várias vezes ao jogo para continuar a partida.

Além desses elementos, existem outros de grande importância que precisam ser planejados no processo de criação do jogo.

Atalhos no teclado: Possibilidade de desenvolver tarefas pelo teclado ou "cortar caminhos", muito usuais em jogos de computador.

Controle do jogador: É importante que o jogador se sinta no controle do jogo, ou seja, ele precisa poder realizar algumas tarefas de forma simples e objetiva. As tarefas da partida, por exemplo, devem ser claras, e deve haver teclas de atalho para permitir sua visualização constante, caso o jogador precise dedicar muito tempo para desenvolvê-las. É importante ainda, caso haja mais de uma tarefa no jogo, que seja possível observar quais foram ou não realizadas. As ações no jogo também devem poder ser canceladas com facilidade, a menos que o jogo trabalhe exatamente com esse elemento de tensão, ou seja, forçar o jogador a realizar determinado trecho do jogo sem poder voltar atrás e cancelar a ação.

Disponibilização da informação: Permita a fácil localização das informações necessárias para uma boa imersão e desenvolvimento do jogo. Lembre-se de que isso não significa criar um jogo fácil ou simples, mas um jogo que comunique de forma fácil, que permita a localização das informações necessárias, ou seja, que estabeleça relações de interatividade e de comunicação com o jogador.

> **» IMPORTANTE**
> Uma boa interface deve prever formas fáceis de salvar o jogo, inclusive prever o salvamento automático, para que o jogador consiga retomar o jogo caso ocorra algum problema.

» Desenvolvimento do áudio

A imagem e o movimento no jogo provavelmente são determinantes de seu sucesso, mas o áudio, quando bem planejado e elaborado, pode ser um elemento marcante dos jogos digitais.

Nas décadas de 1980 e 1990, quando as músicas eram simplificadas, ou seja, apresentavam alguns sons simples e cativantes, mas sem a qualidade apresentada em músicas de grupos musicais ou bandas, era preciso ter muita criatividade para fazer o jogo se tornar mais chamativo e envolvente. A mídia pode ajudar a determinar as personalidades dos personagens, criar climas envolventes em uma fase do jogo e elementos de tensão para o jogador.

Se, por um lado, os jogos das décadas passadas tinham músicas criadas especificamente para eles, hoje torna-se cada vez mais comum o licenciamento de músicas de bandas conhecidas. Jogos de esporte e corrida, por exemplo, costumam utilizar muito essa estratégia. É sempre bom lembrar, porém, que somente grandes estúdios costumam se valer dessa estratégia, pois os valores dos direitos de reprodução de músicas podem ser extremamente elevados. Quanto mais famosa a banda ou o cantor, mais caro é tê-los como parte do jogo.

Voltemos à criação dos personagens: ao criar seu personagem, você pensou sobre como seria a trilha sonora que o envolveria ao longo do jogo? Você em algum momento imaginou o desenvolvimento da ação do jogo sem a presença do som?

É possível envolver diversos sons para garantir a atenção (ou a falta dela) em uma etapa do jogo, ou eles podem ser característicos de um final de fase, e mostrar ao jogador que o momento de enfrentar o mestre da fase chegou.

Não vamos discutir os aspectos técnicos de produção do áudio, pois o livro da autora Chandler (2012) é extremamente competente nesse aspecto. O que queremos mostrar ao jogador é a necessidade de o áudio fazer parte da documentação do game. Uma música de composição mal-elaborada pode representar o fracasso de um game, mesmo que ele tenha personagens excelentes, qualidade gráfica, espaços e tempos bem planejados.

No âmbito do design de interface, é preciso que cada cenário, cada etapa, cada segundo do jogo seja planejado com cuidado, para que não haja falta de sincronia entre a história que está sendo jogada e o áudio que a percorre.

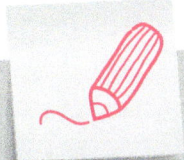

> **» IMPORTANTE**
> O áudio faz parte não somente da trilha sonora de um personagem, mas também de todas as etapas do jogo. É lento quando o jogador precisa ter mais cuidado e rápido quando o jogador precisa ficar alerta.

Agora é a sua vez!

Escolha um jogo e faça um levantamento dos tipos de áudios presentes nele e de que forma ocorrem.

Exemplos de áudio são narração (como, onde, quando, em que circunstâncias ocorre), músicas nos cenários (se há relação entre cenário e música), sons de objetos dos cenários (se há sons específicos para cada objeto presente no jogo e qual sua relação com a experiência de jogar).

>> RESUMO

Como você viu neste capítulo, existem vários elementos constituintes dos jogos que devem ser trabalhados para que seu jogo tenha coerência e potencial para atender às demandas criadas pelos jogadores (ou o potencial de criar a necessidade de jogar).

Apesar da ludicidade e do prazer envolvidos no jogar, é importante lembrar que a produção do jogo envolve um alto grau de seriedade, de planejamento, de criatividade e de visão da área. Além disso, a multiplicidade de sujeitos e tecnologias acaba tornando o custo do processo de criação e desenvolvimento do jogo proporcional à sua complexidade e ao número de profissionais envolvidos.

Dessa forma, é importante observar o campo de produção de jogos casuais, voltados para dispositivos móveis, como um primeiro passo de sua atuação, sem perder de vista as possibilidades de trabalho em grandes empresas da área.

Aproveite ao máximo a experiência de produção dos jogos digitais e procure ampliar cada vez mais seus conhecimentos sobre o assunto, mantendo-se constantemente atualizado, uma vez que o desenvolvimento tecnológico dessa área é muito veloz.

Referências

ARRUDA, E. P. *Aprendizagens e jogos digitais*. Campinas: Alínea, 2011.

BBC NEWS. Millions *Spent on casual games*. [S.l.]: BBC, 2010. Disponível em: <http://news.bbc.co.uk/2/hi/technology/8507813.stm>. Acesso em: 12 ago. 2013.

BELLI, S.; RAVENTÓS, C. L. Breve historia de los videojuegos. *Athenea Digital*, n. 14, p. 159-179, 2008.

BRAND, S. SpaceWar: fanatic life and symbolic death among the computer bums. *Rolling Stone*, 1972. Disponível em: <http://wheels.org/spacewar/stone/rolling_stone.html>. Acesso em: 07 ago. 2013.

CAILLOIS, R. *Os jogos e os homens*. Lisboa: Cotovia, 1958.

CHANDLER, H. M. *Manual de produção de jogos digitais*. 2. ed. Porto Alegre: Bookman, 2012.

COMPUTER HISTORY MUSEUM. *SpaceWar*. [S.l.]: Computer History Museum, [20--?]. Disponível em: <http://pdp-1.computerhistory.org/pdp-1/?f=theme&s=4&ss=3>. Acesso em: 07 ago. 2013.

COUSINEAU, P. *A jornada do herói*: Joseph Campbell vida e obra. São Paulo: Agora, 2003.

DISCOVERY CHANNEL. *A história do videogame*. Nova Iorque: Discovery Channel, 2007.

ENTERTAINMENT SOFTWARE ASSOCIATION. *Essencial facts about the computer and video game industry*: 2013 sales demographic and usage data. [S.l.]: ESA, 2013. Disponível em: <http://www.theesa.com/facts/pdfs/ESA_EF_2013.pdf>. Acesso em: 13 ago. 2013.

GUIA DO ESTUDANTE. *Design de games/jogos digitais*. [S.l.]: Abril, c2009. Disponível em: <http://guiadoestudante.abril.com.br/profissoes/artes-design/design-games-jogos-digitais-684669.shtml>. Acesso em: 24 set. 2013.

HOBBES, T. *O levitã*. 2. ed. São Paulo: Martins Fontes, 2008.

HUIZINGA, J. *Homo ludens*: o jogo como elemento da cultura. 5th ed. São Paulo: Perspectiva, 2007.

ISAACSON, W. *Steve Jobs*: a biografia. São Paulo: Companhia das Letras, 2011.

JULL, J.. The game, the player, the world: looking for a heart of gamenes. In: DIGITAL GAMES RESEARCH CONFERENCE, 2003, Netherlands. *Proceedings...* Netherlands: University of Utrecht, 2003.

NEWZOO. *Infographic 2011*: Brazil. [S.l.]: NewZoo, c2013. Disponível em: <http://www.newzoo.com/infographics/infographic-2011-brazil/>. Acesso em: 13 ago. 2013.

NPD GROUP. *The video game industry is adding 2-17 year-old gamers at a rate higher than that age groups population growth*. [S.l.]: NPD Group, 2011. Disponível em: <https://www.npd.com/wps/portal/npd/us/news/press-releases/pr_111011/>. Acesso em: 13 ago. 2013.

ROBERTS, M. *Estudo minimiza impacto da TV no comportamento de crianças*. [S.l.]: BBC Brasil, 2013. Disponível em: <http://www.bbc.co.uk/portuguese/noticias/2013/03/130326_tv_crianca_comportamento_mv.shtml>. Acesso em: 08 ago. 2013.

RODRIGUEZ, E. (Coord.). *Jóvenes y videojuegos*: espacio, significación y conflictos. Madrid: Injuve, 2006.

SCHELL, J. *The art of game design*: a book of lenses. Burlington: CRC, 2008.

TECHLIDER. *Brasil já é o 4º maior mercado do mundo de gamers, com 35 milhões de usuários*. [S.l.]: Techlider, 2011. Disponível em: <http://www.techlider.com.br/2011/05/brasil-ja-e-o-4%C2%BA-maior-mercado-do-mundo-de-gamers-com-35-milhoes-de-usuarios/>. Acesso em: 08 ago. 2013.

THE GAME CONSOLE. *Ralp H. Baer brown box prototype*. [S.l.]: The Game Console, c2013. Disponível em: < http://www.thegameconsole.com/1970-videogames.html>. Acesso em: 25 set. 2013.

USPGameDev. *Resultado do censo Gamer 2012*. [S.l.]: USPGmaeDev, 2012. Disponível em: <http://uspgamedev.org/resultado-do-censo-gamer-2012/>. Acesso em: 08 ago. 2013.

VOGLER, C. *A jornada do escritor*. Rio de Janeiro: Ampersand, 1997.

WIKIPÉDIA. *História dos jogos eletrônicos*. [S.l.]: Wikipédia, 2013. Disponível em: <http://pt.wikipedia.org/wiki/Hist%C3%B3ria_do_videogame>. Acesso em: 08 ago. 2013.

LEITURAS RECOMENDADAS

HARDCORE GAMING 101. *Spacewar*! Legacy. [S.l.]: Hardcore Gaming 101, 2012. Disponível em: <http://www.hardcoregaming101.net/spacewar/spacewar.htm>. Acesso em: 08 ago. 2013.

SPACEWAR: original 1962 game code running on PDP-1 emulator in Java. Disponível em: <http://spacewar.oversigma.com/>. Acesso em: 08 ago. 2013.

STREET FIGHTER. *Personagens*. [S.l.]: Street Fighter, 2012. Disponível em: <http://www.streetfighter.com.br/conteudo/detalhe/6/blanka>. Acesso em: 08 ago. 2013.